**Simone Gutacker**

# Albert Kalthoff (1850 -1906) - Band I

Simone Gutacker

# Albert Kalthoff (1850 -1906) - Band I

## Von Barmen nach Berlin

Fromm Verlag

**Imprint**
Any brand names and product names mentioned in this book are subject to trademark, brand or patent protection and are trademarks or registered trademarks of their respective holders. The use of brand names, product names, common names, trade names, product descriptions etc. even without a particular marking in this work is in no way to be construed to mean that such names may be regarded as unrestricted in respect of trademark and brand protection legislation and could thus be used by anyone.

Cover image: www.ingimage.com

Publisher:
Fromm Verlag
is a trademark of
International Book Market Service Ltd., member of OmniScriptum Publishing Group
17 Meldrum Street, Beau Bassin 71504, Mauritius

Printed at: see last page
**ISBN: 978-620-2-44215-2**

Inhaltsverzeichnis:

## A) Pietismus in Barmen

a) Stadt Barmen

„Erst nach den Befreiungskriegen gegen Napoleon I. gelangte die Stadt Barmen 1815 durch den Wiener Kongreß zum Königreich Preußen.“[1] „Barmen mit der etwa gleich großen Schwesterstadt Elberfeld [beide heute Wuppertal] gehörte mit fast 100.000 Einwohnern zu den größten Städten [des Königreiches] Preußen und war die erste Industriestadt Deutschlands.“[2] „Durch die frühe Industrialisierung wuchs die Einwohnerzahl Barmens zwischen 1840 und 1870 von 30.000 auf 74.000 – 40% von ihnen waren jünger als 16 Jahre!“[3] „Nach den napoleonischen Reformen lenkten einkommensstarke Fabrikanten und Kaufleute die Stadt. Sie bekleideten als sog. Honoratiorenschaft öffentliche Ämter und bestritten den Großteil des Steueraufkommens. Vorwiegend kirchlich gebunden trugen sie mit persönlichem Engagement, Spenden und Stiftungen zum Gemeinwohl bei.“[4] „Das persönliche, patriarchalische Verhältnis der Firmeninhaber zu den von ihnen abhängigen Fabrik- und Heimarbeitern garantierte trotz der harten Anforderungen mit 14-Stundentag, geringen Löhnen und Kinderarbeit den sozialen Frieden. Aber die Industriealisierung mit der erheblichen Zuwanderung zerstörte diese Strukturen. Als neue Gesellschaftsschicht gewann das Proletariat wachsenden Anteil (1861: ~80% der Einwohner), an Stelle des sozial verantwortungsbewußten Patriarchen trat ein hochkapitalistischer Unternehmertyp. In den 1860er Jahren entstand in Barmen die erste große deutsche Arbeiterbewegung.“[5] „Friedrich Engels,

[1] Horst Kalthoff, Jugend, 9.
[2] Horst Kalthoff, Geschichte, 15.
[3] Horst Kalthoff, Geschichte, 15.
[4] Horst Kalthoff, Geschichte, 16.
[5] Horst Kalthoff, Geschichte, 16.

Mitbegründer des wissenschaftlichen Sozialismus, wurde 1820 in Barmen geboren."[6] „Auch das spätere soziale Engagement von Großvater Albert Kalthoff mag in diesem Umfeld entstanden sein."[7] „Während des Übergangs von der `Franzosenzeit´ zur Reichsgründung fanden die 1848er Unruhe in Barmen (im Gegensatz zu Elberfeld) kein Echo."[8] „Die Oberschicht, die zu Beginn des 19. Jahrhunderts in Barmen bestand, war im Laufe der wirtschaftlichen Entwicklung herangebildet worden. Ihren Kern bildeten einige alteingesessene Familien, die schon im Zeichen der `Garnnahrung´ zu Ansehen und Einfluß gelangt waren."[9] „1850 hatte Barmen 44676 Einwohner. Am 21. Septbr. 1860 schied die Stadt aus dem Verbande des Kreises Elberfeld aus und am 1. Juni 1861 fand die Konstituierung des Stadtkreises Barmen statt. Am 1. Januar 1863 wurde die städtische Armenpflege eingeführt, am 8. Dezbr. 1864 der Verschönerungsverein gestiftet. Am 20. April 1865 feierte man die vor 50 Jahren geschehene Vereinigung Barmens mit Preußen. In diesem Jahr zählt die Stadt 62356 Einwohner."[10] „Wuppertal, größte Industrie-Stadt des Bergischen Landes, wurde 1929 gebildet aus den Städten Barmen, Elberfeld, Vohwinkel, Cronenberg, Ronsdorf und anderen. 415ooo Einwohner. Wuppertal leift im Tal der Wupper (Schwebebahn) und auf den angrenzenden Höhen. Pädagogische Hochschule, Fachhochschule, Fachschulen; über 1000 Industrie-Betriebe."[11]

[6] Horst Kalthoff, Geschichte, 16.
[7] Horst Kalthoff, Geschichte, 16.
[8] Horst Kalthoff, Geschichte, 16.
[9] Köllmann, 108.
[10] Henke, 76.
[11] Großes Universallexikon, 1725.

b) Pietismus in Barmen

„Weit über die Grenzen der Stadt hinaus ist der religiöse Geist Barmens bekannt. `Der Ruhm von dem geistlichen Leben des Wupperthales, der im Reiche Gottes erscholl´, war jederzeit fast genau so verbreitet, wie die Bänder, Spitzen und Litzen, die als `Barmer Artikel´ in die Welt hinausgingen."[12] „Begründet in der freien kirchlichen Entwicklung seit der Reformation war eine lebendige Kirchlichkeit entstanden, die das geistige Leben der Stadt erfüllte und bestimmte."[13] „Die konfessionelle Gliederung der Barmer Einwohnerschaft. Jahr 1852: evangelisch abs. 34178, in % 87,2, katholisch abs. 4998, in % 12,7, sonstige Christen -, jüdisch abs. 47, in % 0,1. Jahr 1964: evangelisch abs. 51149, in % 85,9, katholisch abs. 8027, in % 13,5, sonstige Christen abs. 317, in % 0,8, jüdisch abs. 51, in % 0,1."[14] „Da das Luthertum in der Vereinzelung den reformierten Geist rezipierte, waren die konfessionellen Unterschiede nicht von tiefergreifender Wirkung; sie verwischten sich noch mehr, als seit dem Reformationsjubeljahr 1817 reformierte Gemeindeglieder in den lutherischen Kirchen zum Abendmahl zugelassen wurden, nachdem bereits früher das reformierte Konsistorium die alte Verordnung, nach der kein Gemeindeglied mit lutherischer Ehefrau zum Provisor gewählt werden konnte, aufgehoben hatte."[15] „Auf diese Weise gestaltete sich das Zusammenleben sehr eng. In der Unterbarmer Unierten Gemeinde, zu der sich 1821 die bisher zu den Elberfelder Gemeinden gehörenden lutherischen und reformierten Unterbarmer zusammenschlossen, war die Trennung von Anfang an gegenstandslos. Das katholische Element, das vor allem aus der Zuwanderung verstärkt wurde, spielte im geistigen

[12] Köllmann, 198.
[13] Köllmann, 198.
[14] Köllmann, 198.
[15] Köllmann, 198f.

Leben der Stadt nur eine untergeordnete Rolle."[16] „Hauptmerkmal der Barmer und der Bergischen Frömmigkeit war ein ausgeprägter Biblizismus. `Das Wort und das Wort allein und das ganze Wort´ stand über dem kirchlichen Leben, dessen Mittelpunkt die sonntägliche Predigt war. Dem reformierten Einfluß entsprechend zeigten sich alle Barmer Gemeinden wenig liturgiefreundlich; die Kanzel beherrschte den Kirchraum, und selbt in den lutherischen Gemeinden, in denen der Altar nicht nur aus einem einfachen Abendmahlstisch bestand, bildeten doch Altar, Kanzel und Orgel eine bauliche Einheit."[17] „Die ersten Jahrzehnte des 19. Jahrhunderts brachten mit der `Erweckungsbewegung´ einen Höhepunkt des kirchlichen Lebens. Den größten Einfluß übte der reformierte Prediger Friedrich Wilhelm Krummacher, der spätere preußische Hofprediger, auf Erweiterung und Steigerung dieser Bewegung aus. Während er sich selbst als einen `Gemüths- und Phantasiemenschen´ bezeichnete, nannte Goethe in der ... Kritik der Predigtsammlung `Blicke in das Reich der Gnade´ seine Predigten `narkotische´, um ihre Wirkung auf den Leser – und wie viel mehr dann noch auf den Hörer – zu kennzeichnen."[18] „Besonderes Gewicht legte Krummacher auf die Verkündigung der Prädestinationslehre. Die `Erwählten werden selig ohne eigenes Verdienst, während die große Schar der anderen auf ewig verdammt bleibt´, predigte `das stimmgewaltige geistliche Haupt des Wuppertals´."[19] „Die Bergische Bibelgesellschaft und vor allem die Traktatgesellschaft, die in ihren `Geschichtchen´, wie Schleiermacher die häufig frömmelnden Schriften bezeichnete, `die im Wupperthal so häufig vorkommenden ... Erfahrungen unmittelbarer Gottesnähe und Beispiele auffallender Gebetserhöhrungen´, verbreitete, entstanden auf dem Boden der

[16] Köllmann, 199.
[17] Köllmann, 199.
[18] Köllmann, 199.
[19] Köllmann, 199f.

`Erweckungsbewegung´."[20] „Auch die nach ihrem Tagungsort genannte `Farbmühlenkonferenz´, eine allgemeine 14tägige Zusammenkunft von Pfarrern und Laien zwecks gemeinsamer Exegese, trat in dieser Zeit zuerst zusammen. Diese Versammlungen waren die Keimzelle der späteren `Wuppertaler Festwoche´, in der die Jahresfeste der Missionsgesellschaften, der Traktatgesellschaft und anderer kirchlicher Vereinigungen, vor allem der Jünglingsvereine, gefeiert wurden, wie überhaupt das Vereinsleben sich noch unter dem Einfluß des Hochschwungs des kirchlichen Lebens entfaltete."[21] „Die `Wuppertaler Festwoche´, Vorläuferin der evangelischen Kirchentage späterer Zeit, versammelte alljährlich in der ersten Augustwoche nicht nur Barmer, sondern auch Tausende auswärtiger Gäste in den Kirchen des Tales. Predigten, Versammlungen unter freiem Himmel, Abendandachten, später auch geistliche Konzerte wurden veranstaltet. Die bedeutendsten Persönlichkeiten der deutschen evangelischen Kirchen kamen zu Wort."[22] „Es ist verständlich, daß der Gefühlsüberschwang, der nicht zuletzt die Bewegung bestimmt hatte, auf die Bauer nicht bleiben konnte; auch wirkte die allgemeine Erstarrung des kirchlichen Lebens in Deutschland auf das Wuppertal zurück. Darüber hinaus schadete der Agendenstreit, der um die neue, von der Regierung vorgeschriebene Liturgie geführt wurde."[23] „Erst in den 60er Jahren `schien eine Zeit ähnlich der nach den Befreiungskriegen hier im Thale anzubrechen´. Neue Kreise, die der Lehre Collenbuschs zuneigten, bildeten sich innerhalb der Gemeinden und gaben der pietistisch-religiösen Gefühlswelt neuen Auftrieb."[24] „Gerade auch an den Barmer Jünglingsvereinen kritisierte Wichern ihren `pietistisch gefaßten

[20] Köllmann, 200.
[21] Köllmann, 200f.
[22] Köllmann, 201.
[23] Köllmann, 201.
[24] Köllmann, 201.

Gegensatz zur ``Welt´´ und die Spezialkonferenz des Barmer Kirchentages forderte in seinem Sinne, `daß auch alles Menschliche, z.B. fröhliche Geselligkeit, Weiterbildung in den Kenntnissen des bürgerlichen Wissens und anderes, soweit es überhaupt mit herzlichem Glauben und Leben in Einklang stehen kann´ in das Vereinsleben einbezogen werde."[25] „Eine `Richtung, welche nicht sehr fest am reformierten Bekenntnis hielt, der es hauptsächlich auf einen Vortrag ankam, der den Gebildeten etwas bieten sollte´, läßt erkennen, daß selbst in der streng reformierten Gemarker Gemeinde allmählich liberalere Tendenzen einzudringen begannen."[26] „Die Hauptaufgabe der Barmer Gemeinden in dieser Zeit war die Einbeziehung des stetig steigenden Bevölkerungszuwachses in das Gemeindeleben. Die Tatkraft der Presbyterien bewährte sich wie im inneren, so auch im äußeren Ausbau. Neue Kirche, Pfarrhäuser, Gemeindesäle wurden errichtet, neue Friedhöfe angelegt, bzw. die älteren erweitert. Alle Gemeinden führten die Parochialeinteilung, die Aufteilung in Pfarrbezirke ohne Änderung der Einheit der gesamten Gemeinde ein. Die kirchliche Selbstverwaltung bewältigte die gestiegenen Aufgaben ohne nennenswerte Schwierigkeiten, wie auch das kirchliche Vereins- und Sozialwesen entsprechend erweitert werden konnte."[27] „Die sonntäglichen Predigten standen weiterhin im Mittelpunkt des kirchlichen Lebens, wobei Presbyterien und Gemeindeglieder einen besonderen Wert auf die strenge Auslegung der Bibel legten. Nicht selten wurde die Predigt nach dem Gottesdienst heftig diskutiert, nicht selten mußten sich auch die Pfarrer abweichenden Meinungen stellen."[28] „Als 1877 die lutherische Wupperfelder Gemeinde eine neue, sehr einfache Liturgie einführte, kamen die Kirchgänger erst nach der Eingangsliturgie zum

[25] Köllmann, 201.
[26] Köllmann, 202.
[27] Köllmann, 202.
[28] Köllmann, 202.

Gottesdienst."[29] „In der reformierten Gemarker Gemeinde mußte jeder Versuch der Änderung von vornherein auf Ablehnung stoßen."[30] „Auch das Abendmahl blieb in allen Gemeinden nur ein Anhängsel des Predigtgottesdienstes. Dies war typisch für den subjektivistischen Charakter der Zeit und besonders der Menschen des Tales, für die die Persönlichkeit des Pfarrers und die Art seiner Predigt alles bedeutete."[31] „Die strenge Religiosität des Tales hemmte die Entfaltung des kulturellen Lebens. Für literarische oder gar musische Bestrebungen war in einer Welt kein oder nur geringer Raum, die von der Pflicht zur Arbeit her gesehen und erlebt wurde."[32] „Im engen, geradezu monolithisch orthodoxen Wuppertal hat man über ein Jahrhundert lang von all diesen Kämpfen vergleichsweise nur ein fahles Wetterleuchten vernommen."[33] „Niemals gab es im Wuppertal einen liberalen Pfarrer, zumal es hier nicht wie andernorts anging, daß sich ein Theologe einfach um eine Kanzel bewerben und sich der Gemeinde mittels Probepredigt vorstellen konnte, sondern die Kandidaten wurden zuvor durch presbyteriale Findekommissionen sorgfältig ausgeguckt und erst dann eingeladen."[34] „Gab es, wie erwähnt, im Wuppertal auch keinen liberalen Pfarrer, so lassen sich doch einige bedeutende liberale Theologen finden, die aus dem Wuppertal stammten und zumindest hier genannte seien, nämlich der in Bremen wirkende Albert Kalthoff (1850-1906) und der Jenaer Theologieprofessor und Mitbegründer der Thüringer Landeskirche Wilhelm Thümmel (1856-1928). Dieser war ein Sohn des Unterbarmer Pfarrers Hermann Thümmel ... ."[35] „Pietismus, Männlich (von lateinisch pietas = Frömmigkeit), im 17. Jahrhundert in Deutschland durch Jakob

---

[29] Köllmann, 202.
[30] Köllmann, 203.
[31] Köllmann, 203.
[32] Köllmann, 212.
[33] Abresch, Freunde, 52.
[34] Abresch, Freunde, 52.
[35] Abresch, Freunde, 61.

Spener begründete evangelische Erneuerungsbewegung; forderte verinnerlichte Frömmigkeit und werktätigen Glaubenseifer. Zentrum unter August Hermann Francke die Universität Halle; bleibender Einfluß auf das evangelische Kirchenlied (Paul Gerhardt), Erweckungsbewegungen und evangelische Mission."[36]

[36] Großes Universallexikon, 1175.

c) Liberalisierung

„Erst als Reaktion auf die Erstarrung der Erweckungsbewegung in der Orthodoxie drangen liberalere Tendenzen in bürgerlichen Kreisen vor, die sich in einer allmählichen Entfaltung des kulturellen Lebens niederschlugen."[37] „Die allmähliche Liberalisierung seit der Mitte der 30er Jahre fand ihren Ausdruck in einer Vielzahl von Vereinen, in denen sich nun das bürgerliche Bildungsstreben konstituierte und institutionalisierte."[38] „Zu einem ersten Höhepunkt kam das politische Leben während der Revolutionsjahre [1848/49]. Bereits Anfang März richtete der Stadtrat eine Petition um eine freisinnige Verfassung an den König. Er forderte: Presse- und Redefreiheit, Frontbildung der ständischen Versfassung durch Erweiterung des Wahlgesetzes und eine Vertretung, die den Verhältnisse der Stände entspräche, gleiche politische Berechtigung aller christlichen Kulte, Gleichheit aller Staatsbürger vor dem Gesetz, Umgestaltung des Deutschen Bundes im nationalen Sinne, nochmalige Beratung des Strafgesetzbuches und Beinberufung des Vereinigten Landtags. Damit schlossen sich die Gemeindevertreter den Mindestforderungen des liberalen deutschen Bürgertums an ..."[39] „Das Nachgeben des Königs in den letzten Märztagen bestätigte und bestärkte die Haltung der gemäßigt Liberalen, die sich jetzt schärfer gegen die radikale Richtung wandten: `Ein neuer Feind ist inzwischen in unserer Mitte entstanden, der uns den Genuß des errungenen köstlichen Guts verkümmert, wenn nicht gar den ferneren Genusse desselben zu verhindern droht. Der schlecht verdaute Liberalismus ist es, dem sich der Geist der Verneinung alles zu Recht Bestehenden zugesellt; ihre Gehülfen sind die voreiligen Socialisten und

[37] Köllmann, 214.
[38] Köllmann, 215.
[39] Köllmann, 224.

die unmöglichen Kommunisten.´ Mit ihren Predigten gegen die Revolution stellten sich die Pfarrer auf die Seite der Monarchisch-Konservativen."[40] „Die kirchlichen Kreise waren mit ihren Pfarrern einig, daß sie `auch die politischen Fragen nur vom Standpunkt der Bibel aus betrachtet wissen wollten´."[41] „Die `monarchisch-konservative Rechte´, aus gemäßigten Liberalen und Konservativen gebildet, setzte sich in dieser Zeit durch und schnitt alle radikalen Tendenzen ab."[42] „Auch in Barmen folgten auf die Revolutionszeit Jahre der Ermattung. Im Stadtrat besaßen die `Monarchisch-Konservativen´ die Oberhand."[43] „Aber auch die `liberal-demokratische´ Richtung begann sich in der Mitte der 50er Jahre wieder zu regen."[44] „Erst in der `Neuen Ära´ begann das politische Leben sich von neuem zu intensivieren. Nun traten auch die linksliberalen Elemente wieder offen auf den Plan."[45] „Bei einem Vergleich zu 1848 zeigte sich jetzt eine wesentlich stärkere Verknüpfung entschieden liberalen und nationalen Gedankengutes."[46] „Nun begann eine neue Auseinandersetzung zwischen dem entschiedenen und dem `konservativen´ Liberalismus."[47] „Die Neuwahlen nach der Parlamentsauflösung spalteten die gemäßigten Kreise."[48] „Große Aufregung brachten die Presseverordnungen vom 1. Juni 1863. Diese Einschränkung der freien Meinungsäußerung veranlaßte selbst den Stadtrat, der sich bisher vollkommen passiv verhalten hatte, zu einer Protestadresse an den König."[49] „Während der Jahre 1864/65 verbreiterte sich der Einfluß der liberal-demokratischen Richtung unter

[40] Köllmann, 225.
[41] Köllmann, 225.
[42] Köllmann, 230.
[43] Köllmann, 230.
[44] Köllmann, 231.
[45] Köllmann, 232.
[46] Köllmann, 232.
[47] Köllmann, 232f.
[48] Köllmann, 233.
[49] Köllmann, 234.

dem Eindruck der dauernden innerpolitischen Krise."[50] „Otto von Bismarck, Fürst (seit 1871), 1815 bis 1889; aus altmärkischem Adel; nach diplomatischem Dienst 62 preußischer Ministerpräsident; setzte gegen den Landtag die Heeresreform durch; löste die deutsche Frage `mit Blut und Eisen´ im Preußisch-kleindeutschen Sinn: 64 Krieg zusammen mit Österreich gegen Dänemark um Schleswig-Holstein, 66 Krieg gegen Österreich, die mittel- und süddeutschen Staaten, dabei aber war Bismarck im Gegensatz zu den Militärs für Schonung der künftigen Bundesgenossen; 67 Kanzler des Norddeutschen Bundes; 70/71 Krieg mit Frankreich (Emser Depesche), 71 Gründer des Deutschen Reiches und Reichskanzler. Bismarck suchte durch den Dreibund und durch gute Beziehungen zu Rußland den Frieden für Deutschland zu sichern; 78 Vorsitzender des Berliner Kongresses (`ehrlicher Makler´). Innenpolitische Rücksichtslosigkeit im Kalturkampf (72/78), in Schutzzollpolitik und Sozialistengesetzgebung; 20.3.90 von Kaiser Wilhelm II. schroff entlassen; schrieb in Friedrichsruh Gedanken und Erinnerungen (3 Bände). – Gemahlin: Johanna von Puttkammer, 1824-94."[51]

[50] Köllmann, 236.
[51] Großes Universallexikon, 155f.

d) Färberei an der Wupper

„Schon 1527 erhielten Barmen und Elberfeld (seit 1929 bilden beide die Stadt Wuppertal) das Privileg der `Garnnahrung´, also das Monopol, Garne zu bleichen und zu verkaufen. Daraus entstand später ihre bedeutende Textilindustrie."[52] „Barmen lebte im wesentlichen von der Textilindustrie und war mit Bändern, Litzen und Riemen [den sog. `Barmer Artikeln´] weltweit marktbeherrschend. Hindu-Schals wurden nach Persien und Indien geliefert, die Gauchos der amerikanischen Pampas trugen Ponchos aus Barmen und arabische Harems bezogen die kunstvollen Handwebereien, wie man sie mit `1001 Nacht´ assoziiert, aus dem Wuppertal."[53] „1844 wurde die erste dampfbetrieben Webfabrik errichtet. Bald wuchsen die Schlote wie Pilze aus dem Boden. Auch Farbmühlen und Chemiefabriken entstanden. So wandelte sich die um 1830 noch bestehende ländliche Talidylle der weiträumig angelegten, relativ dünn bebauten Stadt mit den hellen Bleichwiesen und einzelnen hervorstechenden Barockbauten innerhalb von zwanzig Jahren in eine düstere Fabrikstadt. Etwa 1850 mußte das Baden in der Wupper verboten werden."[54] „Um 1850 begann die Hochindustrialisierung: die steigende Zahl mechanischer Webstühle verdrängte die im zunehmend ausbeuterischen Verlagssystem heimarbeitenden Weber von ihren Handwebstühlen. Die weitgehend exportorientierte, von außenpolitischen Unwägbarkeiten und raschem Modewechsel abhängige Textilbranche wälzte ihr teilweise hohes Geschäftsrisiko auf die Löhne ab. Diese sanken häufig unter das Existenzminimum."[55] „Unsere väterlichen Vorfahren waren Ende des 18. Jahrhunderts in Barmen ansässig. Hier entwickelten sich seit dem 17. Jahrhundert

[52] Horst Kalthoff, Geschichte, 10.
[53] Horst Kalthoff, Geschichte, 15.
[54] Horst Kalthoff, Geschichte, 15.
[55] Horst Kalthoff, Geschichte, 15.

Färbereien und eine bedeutende Textilindustrie für `Barmer Artikel´ (Bänder, Kordeln, Litzen, Spitzen aller Art).“[56] „[Albert Kalthoffs Urgroßvater] ging ... als Färbermeister nach Barmen, das damals noch ein Dorf war.“[57] „Damals [ca. 1766] begann die vier Generationen während Tradition der Kalthoffs als Färber in Barmen, die erst 1887 nach mehr als 120 Jahren endete.“[58] „Der Sohn [Alberts Großvater] wurde ebenfalls Färbermeister und ist wahrscheinlich Mitbegründer der Coulörenfärberei Abraham und Caspar Kalthoff, In den Dörnen.“[59] „`In den Dörnen´ ist der Quartiername für die Gegend westlich von Gemarke (Mittelbarmen), wo kurz nach 1750 der alte kurfürstliche Kameralhof, der `Dörner Hof´ parzelliert und versteigert wurde.“[60] „[Kalthoffs Vater] der Färbermeister ... war Inhaber dieser Coulörenfärberei Abraham und Caspar Kalthoff.“[61] „Wahrscheinlich nutzten die Kalthoffsche und die anderen Färbereien das Wasser des Mühlengrabens zum Färben, aber auch wohl als Antrieb für die Farbmühlen.“[62] „Die beiden Adreßbücher [der Stadt Barmen von 1858 und 1879] zeigen, daß es im Barmen der zweiten Hälfte des 19. Jahrhunderts wenigstens zwei Färberfamilien namens Kalthoff gab: Die des Färbermeisters Carl Kalthoff in der Oberdörnerstr. 92 und unsere Vorfahren in der Schafbrückenstr. 11. Als dritter Färber wird 1858 Joh. August Kalthoff in Neuenweg angegeben.“[63] „Der jüngere Sohn Otto [Alberts jüngerer Bruder], der die Coulörenfärberei Abraham und Caspar Kalthoff weiterführte, wohnte als `Färbereibesitzer´ in der Berlinerstr. 100 A.“[64] „Auch unsere Vorfahren,

---

[56] Horst Kalthoff, Jugend, 9.
[57] Horst Kalthoff, Geschichte, 10.
[58] Horst Kalthoff, Geschichte, 10.
[59] Horst Kalthoff, Geschichte, 10, vgl. Adreßbuch von 1814, in: Generalanzeiger der Stadt Wuppertal, 13.9.1935.
[60] Horst Kalthoff, Geschichte, 10, vgl. Abresch, J., 2002.
[61] Horst Kalthoff, Geschichte, 10.
[62] Horst Kalthoff, Geschichte, 10.
[63] Horst Kalthoff, Geschichte, 12.
[64] Horst Kalthoff, Geschichte, 12.

die Familien Kalthoff und Wechselberg lebten von der Textilindustrie."[65] „Die Wechselbergs waren seit zwei Generationen Barmer Kantenweber, die Kalthoffs in der dritten Generation Färber in Barmen."[66] „Die Familie Wechselberg lebte um 1850 in zweiter Generation als Kantenwirker in Barmen."[67] „[Alberts Großvater] Johannes Wechselberg ..., Kantenweber und Appreteur, war ein wohlhabender Bürger."[68] „Albert Kalthoff wurde am 5. März 1850 in Barmen geboren und stammte aus einer dort ansässigen Färberfamilie. Sein Großvater, Peter Caspar Kalthoff, verheiratet mit Johanna Maria Schauff, wird als Färbermeister bezeichnet, und sein Vater, Peter Ludwig Kalthoff (1818-1874), führte eine eigene Färberei. Alberts Mutter, Wilhelmine (1824-1884), war eine Tochter des Barmer Kantenwebers und Appreteurs Johannes Wechselberg (1764-1850) und dessen Ehefrau Maria Gertrud Pilgram."[69] „Das Elternhaus lag in der Schafbrückenstraße 11, unmittelbar am damaligen Mühlengraben, über welchen an dieser Stelle heute die Bleicherstraße verläuft."[70]

---

[65] Horst Kalthoff, Geschichte, 15.
[66] Horst Kalthoff, Jugend, 10.
[67] Horst Kalthoff, Geschichte, 14.
[68] Horst Kalthoff, Geschichte, 14.
[69] Abresch, Enfant terrible, 21.
[70] Abresch, Enfant terrible, 21.

e) Familie Kalthoff

„In der Mark östlich der Wasserscheide, der Grenze zwischen Rheinland und Westfalen gibt es viele Höfe `Kalthoff´, wobei es sich um Flurnamen handelt."[71] „In der Nähe von Wengern [heute: 58300 Wetter-Wengern / Ruhr in Westfalen] `liegt der Ort Langendreer [heute: Bochum-Langendreer, ev. Kirchengemeinde BO-Langendreer] mit einem fast lückenlosen Stammbaum der Kalthoffs´."[72] „[Alberts Urgroßvater] Johann Karl Kalthoff (1741-1810) ging von Wengern a.d. Ruhr als Färbermeister nach Barmen ... [und] heiratete 1766 Katharina Margarete Bergmann aus Barmen [Alberts Urgroßeltern]."[73] „Der Sohn Peter Caspar Kalthoff (1776-1841) ... heiratete 1813 Johanna Maria Schauf(f) (1786-1825) aus Barmen [Alberts Großeltern]."[74] „Ihr Sohn ... Peter Ludwig Kalthoff (1818-1874) ... heiratete 1846 Wilhelmine Wechselberg (1824-1884) [Alberts Eltern]."[75] „Johannes Wechselberg (1794-1850) ... und seine Frau Maria Gertrud, geb. Pilgram (1794-1833) [Kalthoffs Großeltern], die Eltern von Wilhelmine Kalthoff, geb. Wechselberg, ließen sich vom selben anonymen Maler porträtieren. ... Vor Verbreitung der Fotografie ließen sich wohlhabende Bürger in Öl auf Leinwand porträtieren und bei Bedarf auch Kopien für die Familie malen."[76] „1879, fünf Jahre nach Peter Ludwig Kalthoffs Tod [Alberts Vater] wohnte Urgroßmutter Wilhelmine [Kalthoffs Mutter] als Rentnerin weiterhin im Haus Schafbrückenstr. 11. Auch ihr ältester Sohn, der Musiker Ludwig Kalthoff lebte dort mit seiner Familie."[77] „Die Familie Kalthoff wohnte in der Schafbrückenstraße Nr. 11

[71] Horst Kalthoff, Geschichte, 9.
[72] Horst Kalthoff, Geschichte, 9.
[73] Horst Kalthoff, Geschichte, 10.
[74] Horst Kalthoff, Geschichte, 10.
[75] Horst Kalthoff, Geschichte, 10.
[76] Horst Kalthoff, Geschichte, 14.
[77] Horst Kalthoff, Geschichte, 12.

... ."[78] „Albert Kalthoff kam am 5. März 1850 als Sohn des Färbermeisters Peter Ludwig Kalthoff (1818-1874) und seiner Frau Wilhelmine, geborene Wechselberg (1824-1884), in der `frommen Stadt Barmen´ zur Welt."[79] „Unser Großvater Albert Kalthoff wurde am 5.3.1850 als zweiter Sohn des Färbermeisters Peter Ludwig Kalthoff und seiner Ehefrau Wilhelmine in Barmen geboren. Er hatte fünf Geschwister. Er lernte seine Großeltern nicht kennen, denn sie starben vor oder kurz nach seiner Geburt."[80] „Die sechs Kinder von Peter Ludwig und Wilhelmine Kalthoff: Ludwig Kalthoff wurde Pianist und Musiklehrer ..., Albert Kalthoff, unser Großvater ..., Otto Kalthoff betrieb als Färbermeister die Coulörerfärberei ..., Emil Kalthoff wurde Mathematiker ..., Elise Kalthoff [wurde] Landschaftsmalerin ..., Adele Kalthoff ... forschte [nach Familienähnlichkeiten]."[81] „Von den sechs Kindern der Urgroßeltern Kalthoff [Alberts Eltern] waren wenigstens drei künstlerisch begabt: Ludwig wurde Musiker, Elise Malerin[82] und unser Großvater [Albert] leitete als Pastor zeitweise einen Männerchor."[83] „Beide Familien waren treue Anhänger des preußischen Königtums und später auch des deutschen Kaiserreiches."[84] „Mein Urgroßvater Kalthoff [Vater von Albert Kalthoff] stellte sich gegen die Märzrevolution von 1848."[85] „In diesem Sinne gründete Peter Ludwig Kalthoff zusammen mit anderen den königstreuen, antidemokratischen `Treubund´."[86] „`Politisch wie kirchlich streng konservativ gesinnt´, gründete er [Vater von Albert Kalthoff] mit anderen zum Ende des Revolutionsjahres 1848 den antidemokratischen

[78] Horst Kalthoff, Geschichte, 10.
[79] Horst Kalthoff, Jugend, 10.
[80] Horst Kalthoff, Geschichte, 16.
[81] Horst Kalthoff, Geschichte, 11.
[82] Thieme-Becker, 1929, Bd. 19, 488, Becks-Malorny, 1992, in: Horst Kalthoff, Geschichte, 13.
[83] Horst Kalthoff, Geschichte, 10.
[84] Horst Kalthoff, Jugend, 10.
[85] Horst Kalthoff, Jugend, 10.
[86] Horst Kalthoff, Geschichte, 16.

`Treubund´."[87] „So war Peter Ludwig Kalthoff Kirchenältester (Presbyter) und Provisor (Armenpfleger)."[88] „Die Familie war kirchlich stark gebunden; Ludwig Kalthoff wird in Thümmels `Geschichte der Vereinigt-Evangelischen Gemeinde Unterbarmen´ (1872) verschiedentlich als Ältester (Presbyter) oder Provisor (Armenpfleger) genannt."[89] „`Aufgewachsen und erzogen in den engen, festgefügten Formen Wuppertalscher Frömmigkeit´, so berichtete Albert Kalthoff später von sich selbst in einer Antrittspredigt."[90] „Seinem Herkommen nach stammte er aus den pietistischen Kreisen des Wuppertales."[91]

---

[87] Horst Kalthoff, Jugend, 10, vgl. Brockhaus, 1908, Bd. 15, 975.
[88] Abresch, J., 1996, in: Horst Kalthoff, Geschichte, 16.
[89] Abresch, Enfant terrible, 21.
[90] Abresch, Enfant terrible, 21.
[91] Nigg, Geschichte, 289.

f) Schola Latina Barmensis

„Albert Kalthoff besuchte das während seiner Schulzeit entstandene Barmer Gymnasium mit `konservativem, stark religiös-patriotischen Klima, (aber) auch bemerkenswerter Aufgeschlossenheit gegenüber der Wissenschaft und ... deren Fortschritten´."[92] „Nach 2½ Jahren in der Oberprima bestand er 1869 das Abitur."[93] „Johannes Abresch schilderte die `Kindheit und Jugend im Wuppertal´ von Hermann Ebbinghaus (1850-1909), Professor der Philosophie (Breslau, Halle) und Mitbegründer der experimentellen Psychologie ... . Dieser war ebenso alt wie Großvater Albert Kalthoff. Beide besuchten das Barmer Gymnasium ... und wurden zusammen konfirmiert."[94] „Die im Jahre 1579 von Gräfin Maria von Waldeck gestiftete Schule war das erste öffentliche Gebäude in Barmen und der erste geregelte Anbau ist um diese Schule herum erfolgt."[95] „Während die Geschichte der Städte in der Regel ihre Entstehung auf religiöse, kriegerische, dem Handel und Verkehr entstammende Einwirkungen zurückführt, ein Heiligtum, eine Feste, eine Zollstätte u.ä.m. den Anlaß zum Aufbau geben, ist Barmen vielleicht die einzige Stadt in unserem Vaterlande, deren erste Entwickelung zu einem kräftigeren Gemeinwesen auf eine Schule zurückgeht."[96] „Besser wurde es, als von 1854 ab das Gehalt für diese Stelle [Unterricht in alten Sprachen] verdreifacht und daher Lehrer gewonnen werden konnten, welche längere Zeit an der Schule verblieben."[97] „1846-47 herrschte große Teuerung, 1848 die Cholera. ... Am 9. März 1849 wurde die Bergisch-Märkische Eisenbahn bis Dortmund eröffnet. Belebung und Aufschwung der Industrie folgten. ... 1856 wurde die Telegraphenstation

---

[92] Abresch, J., 1996, in: Horst Kalthoff, Geschichte, 16.
[93] Bohle, 1929, in: Horst Kalthoff, Geschichte, 16.
[94] Abresch, J., 1987, 1996, Bohle, 1929, in: Horst Kalthoff, Geschichte, 14.
[95] Henke, 8.
[96] Henke, 8.
[97] Henke, 10.

eröffnet;“[98] „1854. 7. März. Das Gehalt für die philologische Lehrerstelle wird von 250 auf 600 Thlr. Erhöht und dieselbe in die ord. Lehrerstellen eingereiht.“[99] „1857. 18. Juni. Das Zeugnis der Reife darf nur an Realschüler gegeben werden, die im Lateinischen genügende Leistungen aufzuweisen haben.“[100] „1859. 1. Sept. Das Latein wird für alle Klassen der Realschule obligatorisch. 6. Okt. Die Unt.- und Prüf.-Ordnung für Realschulen wird erlassen. Die Barmer Realschule wird als eine I. Ordn. Anerkannt.“[101] „1859. 10. Nov. Schillers 100jähriger Geburtstag wird in der Schule wegen Mangels einer Aula durch Vorträge der Lehrer des Deutschen in den einzelnen Klassen gefeiert.“[102] „1860. 19. Juli. Der 50jährige Todestag der Königin Luise wird gefeiert. 1961. 2. Jan. König Friedr. Wilhelm IV.+. König Wilhelm I. tritt die Regierung an. 26. Febr. Das Kollegium wird für König Wilhelm vereidigt. 22. März. 1. Feier des Geburtstags Wilhelm I., zugleich Einweihung des neuen Schulgebäudes am Bahnhof. Festpredigt ... Festrede.“[103] „1861. 17. Okt. Vorfeier der Krönung Wilhelm I. Festrede.“[104] „1865. 15. Mai. 50jährige Feier der Huldigung der mit der Preuß. Monarchie vereinigten Rheinprovinz zu Aachen. Festrede.“[105] „Von 1859/60-60/61 waren ... Gymnasiasten und Realschüler nicht geschieden, da erstere nur in den alten Sprachen besondere Stunden genossen.“[106] „Der Unterricht folgte für die Gymnasial- und die gemeinsamen Klassen dem Gymnasiallehrplan vom 7. Januar 1856, für die Realklassen dem Lehrplan vom 6. Okt. 1859. In den ersten Jahren wurden des

---

[98] Henke, 68.
[99] Henke, 69.
[100] Henke, 70.
[101] Henke, 79.
[102] Henke, 80.
[103] Henke, 80.
[104] Henke, 81.
[105] Henke, 82.
[106] Henke, 84.

allmählichen Übergangs wegen noch einige Abweichungen gestattet."[107] „Außerdem Hebräisch in I II mit je 2 St., Turnen und Gesang."[108] „1866 wurde der Barmer Kunstverein gegründet und es fand die 1. Kunstausstellung statt. In diesem und dem folgenden Jahre wütete die Cholera in der Stadt, besonders heftig vom 4. Aug. bis 15. Nov. 67. Am 1. Sept. 1868 wurde die Bahn nach Remscheid eröffnet, am 9. Sept. 1869 die Lokalabteilung Barmen des Bergischen Geschichtsvereins gestiftet."[109] „1870. 20.25. Juli. Schüler der I., auch solche, die erst im 3. Semester stehen, sollen sofort geprüft werden, wenn sie in das Heer einzutreten beabsichtigen."[110] „1870. 7. Dez. Die Abiturienten der Realschulen I.O. werden zum Studium der neueren Philologie, der Mathematik und Naturwissensch. zugelassen."[111] „Die Schüler. Frequenzstatistik. Gymnasium und Realschule I.O. Schuljahr 1868/69. W.-Semester. Gymnasium: 12 I. 21 II. 34 III. 34 IV. 101 S. 37 V. 42 VI. 79 S. Realschule: 143 S. Insgesamt: 323 S. Religion: 291 Ev. 30 Kath. 2 Isr. Heimat: 274 Einh. 49 Ausw. Wechsel: 52 Abg. 83 Aufn."[112] „Berufsarten der Abiturienten. Bei ihrem Abgang wollten sich nach ihrer eigenen Angabe widmen: 1868/69: Der evang. Theologie: 4; Der ev. Theol. u. Philologie: 1; Der Philologie: 1; Der Medizin: 1. 1869/70: Der evang. Theologie: 1; Der kath. Theologie: 1; Der Medizin: 4; Der Jurisprudenz: 1. ... Summa 1866-1890: Der evang. Theologie: 82; Der Jurisprudenz: 47; Der Medizin: 47; Der Philologie: 20; Dem Heerdienst: 8; Dem Kaufmannsstande: 6; Der ev. Theol. u. Philologie: 5; Der kath. Theologie: 5; Der Technologie: 4; Der Mathematik u. Naturw.: 3; Dem Baufach: 3; Der Geschichte: 2; Dem Bergfach: 2; Der Nationalökonomie:

[107] Henke, 86.
[108] Henke, 86.
[109] Henke, 87.
[110] Henke, 89f.
[111] Henke, 90.
[112] Henke, 110.

1; Den Kameralwissenschaften: 1; Dem Verwaltungsfach: 1."[113] „Die Personalien der einzelnen Abiturienten von 1866/67 – 1889/90. 1. Prüfung 18. Juli 1867. 1. Ebbinghaus, Hermann. Ev. Sohn des + Kaufmanns K. Ebbinghaus in Barmen. Gewählter Beruf: Philologie (Geschichte). Jetziger Stand: Dr. phil. und Professor der Philosophie an der universität Berlin. 2. V.d. Leyen, Konrad. Ev. Sohn des Rentners H.A. v.d. Leyen in Krefeld. Gewählter Beruf: Baufach. Jetziger Stand: + 3. Augsut 1878 als Fabrikant in Krefeld. 3. Märklin, August. Ev. Sohn des Arztes Dr. Friedr. Märklin in Krefeld. Gewählter Beruf: Philologie (Geschichte). Jetziger Stand: + am 7. Juni 1877 als Dr. phil. und Cand. Phil. in Wiesbaden. 4. Nagel, Franz. Kath. Sohn des Riemendrehereibesitzers Wilh. Ngel in Barmen. Gewählter Beruf: Theologie. Jetziger Stand: 1. Pfarrkaplan und Religionslehrer in Essen. 5. Voswinckel, Johannes. Ev. Sohn des + Pastors Fr. Voswinckel in Barmen. Gewählter Beruf: Theologie. Jetziger Stand: + am 26. Febr. 1872 als Cand. Theol. in Barmen. 2. Prüfung 20. März 1868. 6. Giese, Karl. Ev. Sohn des Hauptlehrers W. Giese in Barmen. Gewählter Beruf: Theologie. Jetziger Stand: Pfarrer in Pfalzdorf bei Kleve. 7. Hösch, Leonh. Ev. Sohn des Tischlers L. Hösch in Mörs. Gewählter Beruf: Philologie. Jetziger Stand: Dr. phil. und Gymnasial-Lehrer in Berlin. 8. Schniewind, Karl. Ev. Sohn des Pastors K.L. Schniewind in B.-Gladbach. Gewählter Beruf: Theologie. Jetziger Stand: Kgl. Superintendent und Oberpfarrer in Langensalza. 9. Sturtzel, Ernst. Ev. Sohn des Oberpostsekretärs K. Sturtzel in Magdeburg. Gewählter Beruf: Heerdienst. Jetziger Stand: + am 1. Sept. 1870 als Sekonde-Leutnant der Infanterie in den Kämpfen um Sédan. 3. Prüfung 18. Aug. 1868. 10. Baetcher, Max. Ev. Sohn des Postmeisters G. Baetcher in Schwelm. Gewählter Beruf: Theol. u. Phil. Jetziger Stand: Pfarrer in Obersdorf, Kr.

[113] Henke, 114.

Lebus. 11. Neveling, Wilh. Ev. Sohn des Schuhmachers J.G. Neveling in Barmen. Gewählter Beruf: Theologie. Jetziger Stand: Lic. Theol. und Pfarrer in Berlin. 12. Schoehl, Hermann. Ev. Sohn des Lehrers F.W. Schoehl in Barmen. Gewählter Beruf: Theologie. Jetziger Stand: Direktor der Kaiserl. Landwirtschaftsschule in Rufach im Elsass. 13. Stachelhausen, Jul. Ev. Sohn des Arztes Dr. J. Stachelhausen in Barmen. Gewählter Beruf: Medizin. Jetziger Stand: Dr. med. und Arzt in Barmen. 4. Prüfung 10. März 1869. 14. Kaufmann, Johannes. Ev. Sohn des Kaufmanns H.W. Kaufmann in Elberfeld. Gewählter Beruf: Philologie. Jetziger Stand: Dr. phil. und Landwirtschaftsschullehrer in Herford. 15. Klein, Theodor. Ev. Sohn des Kaufmanns K.K. Klein in Barmen. Gewählter Beruf: Theologie. Jetziger Stand: + 1881 als Cand. Theol. in Wiesbaden. 16. Thümmel, Hermann. Ev. Sohn des + Pastors H. Thümmel in Barmen. Gewählter Beruf: Theologie. Jetziger Beruf: Pfarrer in Altena in Westfalen."[114] „5. Prüfung 12. Aug. 1869. 17. Kalthoff, Albert. Ev. Sohn des + Färbereibesitzers P.L. Kalthoff in Barmen. Gewählter Beruf: Theologie. Jetziger Stand: Pfarrer in Bremen. 18. Obermüller, Hermann. Ev. Sohn des Hauptlehrers H. Obermüller in Barmen. Gewählter Beruf: Medizin. Jetziger Stand: + am 1. Jan. 1881 als Dr. med. und Arzt in Barmen." 19. Petersen, Albert. Ev. Sohn des Chemikers H.W. Petersen in Deutz. Gewählter Beruf: Medizin. Jetziger Stand: Dr. med. und Arzt in Elberfeld. 20. Voß, Hermann. Ev. Sohn des + Kaufmanns Fr. Wilh. Voß in Barmen. Gewählter Beruf: Medizin. Jetziger Stand: Dr. med. und Arzt in Rio de Janeiro."[115] „Berufsstände, zu welchen die Abiturienten wirklich gelangt sind. 1. Theologie. 85 Evangelische: 1 Superintendent, 30 Pfarrer, 7 Hilfspfarrer, 1 Missionsinspektor, 22 Kandidaten 24 Studiosi. 4 Katholische: 1 Pfarrer, 3 Kapläne. 2. Unterricht 30. Hochschulen: 2 Universitätsprofessor, 1

[114] Henke, 115.
[115] Henke, 116.

Privatdozent, 3 Assistenten. Gelehrte Gesellschaften: 1 Assistent an der Urania. Gymnasien: 10 Gymnasiallehrer, 5 Probekandidaten. Landwirtschaftsschulen: 1 Direktor, 1 Lehrer. Rektoratsschulen: 1 Rektor. Höhere Mädchenschulen: 1 Rektor. 1 Kreisschulinspektor. 2 Studiosi. 1 Ausgewandert. 3. Rechtswesen 36: 1 Amtsrichter, 2 Gerichtsassessoren, 6 Gerichtsreferendare, 1 Staatsanwalt, 1 Notar, 8 Rechtsanwälte, 2 Kandidaten, 15 Studiosi. 4. Verwaltung 10: 1 Regierungsrat, 1 Landrat, 1 Sekr. B. Kais. Archäol. Inst., 4 Regierungsassessoren, 3 Regierungsreferendare. 5. Heilkunde 46: 1 Kreisphysikus, 20 Ärzte, 10 Kandidaten, 15 Studiosi. 6. Baufach 2: 2 Regierungsbaumeister. 7. Forstfach 1: 1 Kgl. Oberförster. 8. Technis 3: 2 Techniker, 1 Sudiosus. 9. Heerdienst 5: 1 Leutnant der Kavallerie, 1 Leutnant der Pioniere, 1 Leutnant der Infanterie, 1 Fähndrich der Infanterie, 1 Marine. 10. Landwirtschaft 1: 1 Rittergutsbesitzer (Bergassessor a.D.). 11. Handel und Industrie 13: 6 Kaufmänner, 7 Fabrikanten. 12. Kunst 1: 1 Konzertsänger."[116] „Akademische Grade haben erworben: Lizentiat der Theologie 1, Doktor der Philosophie 16, Doktor der Jurisprudenz 12, Doktor der Medizin 24."[117] „Religion und Heimat der Abiturienten. Evg. 218, Kath. 19., Isr. -, Aus Barmen 158, Rheinpr. Excl. Barmen 48, Preußen excl. Pheinpr. 27, Deutschl. Excl. Preußen 2, Ausland 2."[118] „Soziale Stellung der Eltern der Abiturienten. Die Väter waren: Theologen. Die Söhne wurden: Theologen 18, Höh. Unterrichtsbeamte 5, Juristen 3, Höh. Verwaltungsbeamte 1, Mediziner 5, Forstleute 1, Techniker 1, Offiziere 1. Die Väter waren: Elementarlehrer. Die Söhne wurden: Theologen 15, Höh. Unterrichtsbeamte 5, Höh. Verwaltungsbeamte 1, Mediziner 4. Die Väter waren: Kaufleute und Industrielle: Die Söhne wurden: Theologen 23,

[116] Henke, 127f.
[117] Henke, 128.
[118] Henke, 128.

Höh. Unterrichtsbeamte 6, Juristen 16, Höh. Verwaltungsbeamte 7, Mediziner 19, Techniker 2, Offiziere 3, Landwirte 1, Kaufleute und Industrielle 10, Künstler 1."[119] „Das Statut ist vom Kuratorium, der Stadt und der reform. Gemeinde am 10. Sept. 1870 vollzogen und am 29. Nov. Dess. J. vom Königl. Provinzialkollegium in Koblenz bestätigt. Darnach ist das Gymnasium eine `stiftungsmäßig evangelische´ Anstalt, `wonach mit Ausnahme des an ihm beschäftigten katholischen Religionslehrers nur Lehrer evangelischen Glaubensbekenntnisses an demselben zur Anstellung gelangen können."[120] „Bei jedem Versuch, in die ältere Geschichte des Barmer Gymnasiums einzudringen, aber auch bei der Durchforschung der Akten und der Literatur über seine jüngere und allerneueste Geschichte stößt man fast auf Schritt und Tritt auf den Namen der reformierten Gemeinde Gemarke."[121] „... daß die `Oberbarmer Reformierten´ fast stets im Mittelpunkt aller Bestrebungen stehen, der höheren Bildung eine Stätte in Barmen zu bereiten und die Jugend des noch wenig bevölkerten Ortes schon in recht frühen Zeiten in die gymnasialen Studien, in die Geheimnisse des Lateinischen, des Griechischen und auch des Hebräischen einführen zu lassen."[122] „... zumal ja überhaupt das Barmer Schulwesen durch den stark hervortretenden religiösen Charakter des Wuppertals eine eigene Note erhalten hat."[123] „... wie die Schule an ihrem Teil der Ausbreitung und Befestigung des evangelischen Glaubens dienen sollte, indem sie z.B. dessen amtliche Verkünder heranzubilden hatte ..."[124] „In der ersten dieser Klassen gibt es 7 Stunden Latein, von denen 3 mit Tertia kombiniert sind, und 5 Stunden Griechisch, in der zweiten ebenso 7 Stunden Latein, von denen 3 mit Sekunda kombiniert sind, und auch 5

[119] Henke, 129.
[120] Henke, 132.
[121] Bohle, 46.
[122] Bohle, 46.
[123] Bohle, 47.
[124] Bohle, 47.

Stunden Griechisch."[125] „Im Lateinunterricht dringt man schon bis zu Sallust und zu den Reden Ciceros vor, das Griechische führt bis zur Lektüre von Xenophons Anabasis."[126] „So ist dieser 30. September 1865 der Geburtstag des jetzigen humanistischen Gymnasiums in Barmen ..."[127] „Am Schlusse des Sommersemesters 1867 verließen als erste Abiturienten des jungen Gymnasiums folgende Schüler die Anstalt: Johannes Voßwinkel, Sohn des Pastors Voßwinkel zu Barmen-Wichlinghausen, Hermann Ebbinghaus, Sohn des Kaufmanns Ebbinghaus zu Barmen, Anton Nagel, Sohn des Riemendrehereibesitzers Wilhelm Nagel zu Barmen, August Maerklin, Sohn des Arztes Dr. Maerklin zu Crefeld, Conrad von der Leyen, Sohn des Rentners August von der Leyen zu Crefeld."[128] „... als `höhere Bürgerschule´ mit fakultativem Latein unterstand sie [die Schule in der Karlstraße] noch der kgl. Regierung in Düsseldorf."[129] „Eine neue `Unterrichs- und Prüfungsordnung für die Real- und höheren Bürgerschulen´ vom 6. Oktober 1859 hob aus der Masse der Realschulen die lateintreibenden neunklassigen als Realschulen 1. Ordnung heraus und schuf damit diejenige Form der höheren Schule, die seit 1882 amtlich als Realgymnasium bezeichnet wird."[130] „Vier Jahre später konnte der eine Zweig schon als Gymnasium anerkannt werden; das ist durch Kabinettsordre vom 30.9.1865 geschehen."[131] „Das Kuratorium der Anstalt hatte am 17.7.1857 die Einrichtung einer – Ferienschule für die großen Herbstferien beschlossen!"[132] „Da hielt man Schule von 8-11 und von 2-5 Uhr und gab um 10 Uhr den Kindern `einige Minuten zur Erholung auf dem Schulhofe unter Aufsicht eines

[125] Bohle, 64.
[126] Bohle, 64.
[127] Bohle, 66.
[128] Bohle, 66.
[129] Bohle, 83.
[130] Bohle, 83.
[131] Bohle, 84.
[132] Bohle, 116.

Lehrers´; Mittwochs und Samstags nachmittags fiel der Unterricht in allen Klassen aus, jedoch nur – für die Knaben; die Mädchen genossen diese Vergünstigung am Mittwoch nicht."[133] „Es waren [1889/90] am Gymnasium und der mit ihm verbundenen Vorschule außer dem Direktor beschäftigt: 8 Oberlehrer, 8 ordentliche Lehrer, 4 etatsmäßige wissenschaftl. Hilfslehrer, 1 außerordentlicher wissenschaftl. Hilfslehrer, 4 Elementarlehrer, 1 Lehrer für den kathol. Religionsunterricht (im Nebenamt), 2 `Probekandidaten´ mit dem Direktor 30 Lehrkräfte."[134] „Verzeichnis der Abiturienten des Barmer Gymnasiums: 1867, Reifeprüfung am 18. Juli: Ebbinghaus, Karl, gestorben als Dr. phil. Professor der Philosophie an der Universität Berlin; v.d. Leyen, Konrad, gestorben als Fabrikant in Krefeld; Märklin, August, gest. als Dr. phil. Und Cand. Phil. in Wiesbaden; Nagel, Franz Anton, Jubilarpriester i.R. in Laer bei Münster i.W.; Voswinckel, Johannes, gestorben als Cand. Theol. in Barmen. 1868, Reifeprüfung am 20. März: Giese, Karl, gestorben als Superintendent i.R. bei Moers; Hösch, Leonh., gestorben als Oberlehrer in Berlin; Schniewind, Karl, gestorben als Hof- und Domprediger in Berlin; Sturtzel, Ernst, gefallen im Kriege 1870/71 bei Sedan. 1868, Reifeprüfung am 18. August: Baetcher, Max, Superintendent i.R. in Finsterwalde; Neveling, Wilhelm, Lic.theol. Pfarreri.R. in Berlin-Dahlem; Schoehl, Hermann, gestorben als Direktor der landwirtschaftlichen Schule in Rufach/Oberelsaß; Stachelhausen, Jul., gestorben als Dr.med. Sanitätsrat in Barmen. 1869, Reifeprüfung am 10. März: Kaufmann, Johannes, gestorben als Dr.phil. Landwirtschaftslehrer i.R. in Bonn, Klein, Theodor, gestorben als Cand.theol. in Wiesbaden; Thümmel, Hermann, ausgewandert nach Amerika als Pfarrer. 1869, Reifeprüfung am 12. August: Kalthoff, Albert, gestorben als Pfarrer in Bremen; Obermüller, Hermann, gestorben als

---

[133] Bohle, 117.
[134] Bohle, 165.

Dr.med. Arzt in Barmen; Petersen, Albert, gestorben als Dr. med. Sanitätsrat in Elberfeld; Voß, Hermann, Dr.med. Arzt, ausgewandert nach Brasilien."[135] „Die im Jahre 1579 von Gräfin Maria von Waldeck gestiftete Schule war das erste öffentliche Gebäude in Barmen und der erste geregelte Anbau ist um diese Schule herum erfolgt."[136] „Während die Geschichte der Städte in der Regel ihre Entstehung auf religiöse, kriegerische, dem Handel und Verkehr entstammende Einwirkungen zurückführt, ein Heiligtum, eine Feste, eine Zollstätte u.ä.m. den Anlaß zum Aufbau geben, ist Barmen vielleicht die einzige Stadt in unserem Vaterlande, deren erste Entwickelung zu einem kräftigeren Gemeinwesen auf eine Schule zurückgeht."[137] „Besser wurde es, als von 1854 ab das Gehalt für diese Stelle [Unterricht in alten Sprachen] verdreifacht und daher Lehrer gewonnen werden konnten, welche längere Zeit an der Schule verblieben."[138] „1846-47 herrschte große Teuerung, 1848 die Cholera. ... Am 9. März 1849 wurde die Bergisch-Märkische Eisenbahn bis Dortmund eröffnet. Belebung und Aufschwung der Industrie folgten. ... 1856 wurde die Telegraphenstation eröffnet;"[139] „1854. 7. März. Das Gehalt für die philologische Lehrerstelle wird von 250 auf 600 Thlr. Erhöht und dieselbe in die ord. Lehrerstellen eingereiht."[140] „1857. 18. Juni. Das Zeugnis der Reife darf nur an Realschüler gegeben werden, die im Lateinischen genügende Leistungen aufzuweisen haben."[141] „Der Lehrplan von 1856-59 unter Direktor Thiele. Von 1857/58 ab ist der Kursus in I. u. II 2jährig. I, II, III, IV, V, V; Religion: 2, 2, 2, 2, 3, 3; Deutsch: 3, 3, 3, 3, 4, 4; Latein: 3, 3, 3, 4, 4, -; Französisch: 4, 4, 4, 5, 5, 5; Englisch: 4, 4, 4, -, -, -; Mathematik:

[135] Bohle, 200.
[136] Henke, 8.
[137] Henke, 8.
[138] Henke, 10.
[139] Henke, 68.
[140] Henke, 69.
[141] Henke, 70.

4, 4, 4, 4, -, -; Rechnen: 2, 3, 2, 3, 3, 4; Naturwissenschaft: 5, 5, 4, 2, 2, 2; Gesch. u. Geogr.: 3, 3, 3, 4, 4, 4; Zeichnen: 2, 2, 2, 2, 2, 2; Schreiben: 1, 1, 2, 2, 3, 4; Gesang: 1, 1, 1, 1, 2, 2. ... Gymnasialunterricht. Latein: 7, 7, 3, 4, 4, -; Griechisch: 5, 5, -, -, -, -."[142] „1850 hatte Barmen 44676 Einwohner. Am 21. Septbr. 1860 schied die Stadt aus dem Verbande des Kreises Elberfeld aus und am 1. Juni 1861 fand die Konstituierung des Stadtkreises Barmen statt. Am 1. Januar 1863 wurde die städtische Armenpflege eingeführt, am 8. Dezbr. 1864 der Verschönerungsverein gestiftet. Am 20. April 1865 feierte man die vor 50 Jahren geschehene Vereinigung Barmens mit Preußen. In diesem Jahr zählt die Stadt 62356 Einwohner."[143] „Es galt vor allem, das Gymnasium wieder völlig unabhängig vom Unterricht in den Realschulklassen zu machen d.h. die Gymnasialklassen nicht nur im Lateinischen und Griechischen, sondern in allen Fächern selbständig unterrichten zu lassen. Direktor Thiele faßte von vornherein dieses Ziel scharf ins Auge, konnte aber nicht sofort die nötigen Maßregeln ergreifen, da von 1856-59 die Reorganisation der Realschulen abgewartet werden mußte. Diese Reorganisation erfolgte am 6. Oktober 1859 durch die Unterrichts- und Prüfungsordnung für die R.-S. Dieselbe gab den Realschulen I.O. eine so feste, selbständige Gestaltung, daß von nun ab eine Kombination mit Gymnasialunterricht von den staatlichen Unterrichtsbehörden nicht weiter gestattet werden konnte."[144] „So wurde denn M. 1861 zunächst ein Progymnasium mit den Klassen IV u. V eröffnet. Die demselben mit der Realschule I.O. gemeinsamen Klassen V und VI mußten den bestehenden Bestimmungen gemäß ebenfalls allmählich nach dem Gymnasiallehrplan umgestaltet werden."[145] „1859. 1. Sept. Das Latein wird für alle Klassen der Realschule obligatorisch. 6. Okt. Die Unt.- und Prüf.-Ordnung für

[142] Henke, 74.
[143] Henke, 76.
[144] Henke, 77.
[145] Henke, 78.

Realschulen wird erlassen. Die Barmer Realschule wird als eine I. Ordn. Anerkannt."[146] „1859. 10. Nov. Schillers 100jähriger Geburtstag wird in der Schule wegen Mangels einer Aula durch Vorträge der Lehrer des Deutschen in den einzelnen Klassen gefeiert."[147] „1860. 19. Juli. Der 50jährige Todestag der Königin Luise wird gefeiert. 1961. 2. Jan. König Friedr. Wilhelm IV.+. König Wilhelm I. tritt die Regierung an. 26. Febr. Das Kollegium wird für König Wilhelm vereidigt. 22. März. 1. Feier des Geburtstags Wilhelm I., zugleich Einweihung des neuen Schulgebäudes am Bahnhof. Festpredigt ... Festrede."[148] „1861. 17. Okt. Vorfeier der Krönung Wilhelm I. Festrede."[149] „1865. 15. Mai. 50jährige Feier der Huldigung der mit der Preuß. Monarchie vereinigten Rheinprovinz zu Aachen. Festrede."[150] „Von 1859/60-60/61 waren ... Gymnasiasten und Realschüler nicht geschieden, da erstere nur in den alten Sprachen besondere Stunden genossen."[151] „Der Unterricht folgte für die Gymnasial- und die gemeinsamen Klassen dem Gymnasiallehrplan vom 7. Januar 1856, für die Realklassen dem Lehrplan vom 6. Okt. 1859. In den ersten Jahren wurden des allmählichen Übergangs wegen noch einige Abweichungen gestattet."[152] „Außerdem Hebräisch in I II mit je 2 St., Turnen und Gesang."[153] „1866 wurde der Barmer Kunstverein gegründet und es fand die 1. Kunstausstellung statt. In diesem und dem folgenden Jahre wütete die Cholera in der Stadt, besonders heftig vom 4. Aug. bis 15. Nov. 67. Am 1. Sept. 1868 wurde die Bahn nach Remscheid eröffnet, am 9. Sept. 1869 die Lokalabteilung Barmen des Bergischen Geschichtsvereins gestiftet."[154] „Gymnasium und Realschule

[146] Henke, 79.
[147] Henke, 80.
[148] Henke, 80.
[149] Henke, 81.
[150] Henke, 82.
[151] Henke, 84.
[152] Henke, 86.
[153] Henke, 86.
[154] Henke, 87.

I.O. unter Direktor Dr. Thiele. 1865-1878. Gymnasium. 1865. 30. Sept. Durch Kabinettsordre vom 30. Sept. wird die Anstalt als Gymnasium anerkannt."[155] „1870. 20.25. Juli. Schüler der I., auch solche, die erst im 3. Semester stehen, sollen sofort geprüft werden, wenn sie in das Heer einzutreten beabsichtigen."[156] „1870. 7. Dez. Die Abiturienten der Realschulen I.O. werden zum Studium der neueren Philologie, der Mathematik und Naturwissensch. zugelassen."[157] „Die Schüler. Frequenzstatistik. Gymnasium und Realschule I.O. Schuljahr 1868/69. W.-Semester. Gymnasium: 12 I. 21 II. 34 III. 34 IV. 101 S. 37 V. 42 VI. 79 S. Realschule: 143 S. Insgesamt: 323 S. Religion: 291 Ev. 30 Kath. 2 Isr. Heimat: 274 Einh. 49 Ausw. Wechsel: 52 Abg. 83 Aufn."[158] „Berufsarten der Abiturienten. Bei ihrem Abgang wollten sich nach ihrer eigenen Angabe widmen: 1868/69: Der evang. Theologie: 4; Der ev. Theol. u. Philologie: 1; Der Philologie: 1; Der Medizin: 1. 1869/70: Der evang. Theologie: 1; Der kath. Theologie: 1; Der Medizin: 4; Der Jurisprudenz: 1. ... Summa 1866-1890: Der evang. Theologie: 82; Der Jurisprudenz: 47; Der Medizin: 47; Der Philologie: 20; Dem Heerdienst: 8; Dem Kaufmannsstande: 6; Der ev. Theol. u. Philologie: 5; Der kath. Theologie: 5; Der Technologie: 4; Der Mathematik u. Naturw.: 3; Dem Baufach: 3; Der Geschichte: 2; Dem Bergfach: 2; Der Nationalökonomie: 1; Den Kameralwissenschaften: 1; Dem Verwaltungsfach: 1."[159] „Die Personalien der einzelnen Abiturienten von 1866/67 – 1889/90. 1. Prüfung 18. Juli 1867. 1. Ebbinghaus, Hermann. Ev. Sohn des + Kaufmanns K. Ebbinghaus in Barmen. Gewählter Beruf: Philologie (Geschichte). Jetziger Stand: Dr. phil. und Professor der Philosophie an der Universität Berlin. 2. V.d. Leyen, Konrad. Ev. Sohn des Rentners

[155] Henke, 89.
[156] Henke, 89f.
[157] Henke, 90.
[158] Henke, 110.
[159] Henke, 114.

H.A. v.d. Leyen in Krefeld. Gewählter Beruf: Baufach. Jetziger Stand: + 3. Augsut 1878 als Fabrikant in Krefeld. 3. Märklin, August. Ev. Sohn des Arztes Dr. Friedr. Märklin in Krefeld. Gewählter Beruf: Philologie (Geschichte). Jetziger Stand: + am 7. Juni 1877 als Dr. phil. und Cand. Phil. in Wiesbaden. 4. Nagel, Franz. Kath. Sohn des Riemendrehereibesitzers Wilh. Ngel in Barmen. Gewählter Beruf: Theologie. Jetziger Stand: 1. Pfarrkaplan und Religionslehrer in Essen. 5. Voswinckel, Johannes. Ev. Sohn des + Pastors Fr. Voswinckel in Barmen. Gewählter Beruf: Theologie. Jetziger Stand: + am 26. Febr. 1872 als Cand. Theol. in Barmen. 2. Prüfung 20. März 1868. 6. Giese, Karl. Ev. Sohn des Hauptlehrers W. Giese in Barmen. Gewählter Beruf: Theologie. Jetziger Stand: Pfarrer in Pfalzdorf bei Kleve. 7. Hösch, Leonh. Ev. Sohn des Tischlers L. Hösch in Mörs. Gewählter Beruf: Philologie. Jetziger Stand: Dr. phil. und Gymnasial-Lehrer in Berlin. 8. Schniewind, Karl. Ev. Sohn des Pastors K.L. Schniewind in B.-Gladbach. Gewählter Beruf: Theologie. Jetziger Stand: Kgl. Superintendent und Oberpfarrer in Langensalza. 9. Sturtzel, Ernst. Ev. Sohn des Oberpostsekretärs K. Sturtzel in Magdeburg. Gewählter Beruf: Heerdienst. Jetziger Stand: + am 1. Sept. 1870 als Sekonde-Leutnant der Infanterie in den Kämpfen um Sédan. 3. Prüfung 18. Aug. 1868. 10. Baetcher, Max. Ev. Sohn des Postmeisters G. Baetcher in Schwelm. Gewählter Beruf: Theol. u. Phil. Jetziger Stand: Pfarrer in Obersdorf, Kr. Lebus. 11. Neveling, Wilh. Ev. Sohn des Schuhmachers J.G. Neveling in Barmen. Gewählter Beruf: Theologie. Jetziger Stand: Lic. Theol. und Pfarrer in Berlin. 12. Schoehl, Hermann. Ev. Sohn des Lehrers F.W. Schoehl in Barmen. Gewählter Beruf: Theologie. Jetziger Stand: Direktor der Kaiserl. Landwirtschaftsschule in Rufach im Elsass. 13. Stachelhausen, Jul. Ev. Sohn des Arztes Dr. J. Stachelhausen in Barmen. Gewählter Beruf: Medizin. Jetziger Stand: Dr. med. und Arzt in

Barmen. 4. Prüfung 10. März 1869. 14. Kaufmann, Johannes. Ev. Sohn des Kaufmanns H.W. Kaufmann in Elberfeld. Gewählter Beruf: Philologie. Jetziger Stand: Dr. phil. und Landwirtschaftsschullehrer in Herford. 15. Klein, Theodor. Ev. Sohn des Kaufmanns K.K. Klein in Barmen. Gewählter Beruf: Theologie. Jetziger Stand: + 1881 als Cand. Theol. in Wiesbaden. 16. Thümmel, Hermann. Ev. Sohn des + Pastors H. Thümmel in Barmen. Gewählter Beruf: Theologie. Jetziger Beruf: Pfarrer in Altena in Westfalen."[160] „5. Prüfung 12. Aug. 1869. 17. Kalthoff, Albert. Ev. Sohn des + Färbereibesitzers P.L. Kalthoff in Barmen. Gewählter Beruf: Theologie. Jetziger Stand: Pfarrer in Bremen. 18. Obermüller, Hermann. Ev. Sohn des Hauptlehrers H. Obermüller in Barmen. Gewählter Beruf: Medizin. Jetziger Stand: + am 1. Jan. 1881 als Dr. med. und Arzt in Barmen." 19. Petersen, Albert. Ev. Sohn des Chemikers H.W. Petersen in Deutz. Gewählter Beruf: Medizin. Jetziger Stand: Dr. med. und Arzt in Elberfeld. 20. Voß, Hermann. Ev. Sohn des + Kaufmanns Fr. Wilh. Voß in Barmen. Gewählter Beruf: Medizin. Jetziger Stand: Dr. med. und Arzt in Rio de Janeiro."[161] „Berufsstände, zu welchen die Abiturienten wirklich gelangt sind. 1. Theologie. 85 Evangelische: 1 Superintendent, 30 Pfarrer, 7 Hilfspfarrer, 1 Missionsinspektor, 22 Kandidaten 24 Studiosi. 4 Katholische: 1 Pfarrer, 3 Kapläne. 2. Unterricht 30. Hochschulen: 2 Universitätsprofessor, 1 Privatdozent, 3 Assistenten. Gelehrte Gesellschaften: 1 Assistent an der Urania. Gymnasien: 10 Gymnasiallehrer, 5 Probekandidaten. Landwirtsschaftsschulen: 1 Direktor, 1 Lehrer. Rektoratsschulen: 1 Rektor. Höhere Mädchenschulen: 1 Rektor. 1 Kreisschulinspektor. 2 Studiosi. 1 Ausgewandert. 3. Rechtswesen 36: 1 Amtsrichter, 2 Gerichtsassessoren, 6 Gerichtsreferendare, 1 Staatsanwalt, 1 Notar, 8 Rechtsanwälte, 2 Kandidaten, 15 Studiosi. 4. Verwaltung 10: 1

[160] Henke, 115.
[161] Henke, 116.

Regierungsrat, 1 Landrat, 1 Sekr. B. Kais. Archäol. Inst., 4 Regierungsassessoren, 3 Regierungsreferendare. 5. Heilkunde 46: 1 Kreisphysikus, 20 Ärzte, 10 Kandidaten, 15 Studiosi. 6. Baufach 2: 2 Regierungsbaumeister. 7. Forstfach 1: 1 Kgl. Oberförster. 8. Technis 3: 2 Techniker, 1 Sudiosus. 9. Heerdienst 5: 1 Leutnant der Kavallerie, 1 Leutnant der Pioniere, 1 Leutnant der Infanterie, 1 Fähnrich der Infanterie, 1 Marine. 10. Landwirtschaft 1: 1 Rittergutsbesitzer (Bergassessor a.D.). 11. Handel und Industrie 13: 6 Kaufmänner, 7 Fabrikanten. 12. Kunst 1: 1 Konzertsänger."[162] „Akademische Grade haben erworben: Lizentiat der Theologie 1, Doktor der Philosophie 16, Doktor der Jurisprudenz 12, Doktor der Medizin 24."[163] „Religion und Heimat der Abiturienten. Evg. 218, Kath. 19., Isr. -, Aus Barmen 158, Rheinpr. Excl. Barmen 48, Preußen excl. Rheinpr. 27, Deutschl. Excl. Preußen 2, Ausland 2."[164] „Soziale Stellung der Eltern der Abiturienten. Die Väter waren: Theologen. Die Söhne wurden: Theologen 18, Höh. Unterrichtsbeamte 5, Juristen 3, Höh. Verwaltungsbeamte 1, Mediziner 5, Forstleute 1, Techniker 1, Offiziere 1. Die Väter waren: Elementarlehrer. Die Söhne wurden: Theologen 15, Höh. Unterrichtsbeamte 5, Höh. Verwaltungsbeamte 1, Mediziner 4. Die Väter waren: Kaufleute und Industrielle: Die Söhne wurden: Theologen 23, Höh. Unterrichtsbeamte 6, Juristen 16, Höh. Verwaltungsbeamte 7, Mediziner 19, Techniker 2, Offiziere 3, Landwirte 1, Kaufleute und Industrielle 10, Künstler 1."[165] „Das Statut ist vom Kuratorium, der Stadt und der reform. Gemeinde am 10. Sept. 1870 vollzogen und am 29. Nov. Dess. J. vom Königl. Provinzialkollegium in Koblenz bestätigt. Darnach ist das Gymnasium eine \`stiftungsmäßig evangelische´ Anstalt, \`wonach mit Ausnahme des an ihm beschäftigten katholischen Religionslehrers

---

[162] Henke, 127f.
[163] Henke, 128.
[164] Henke, 128.
[165] Henke, 129.

nur Lehrer evangelischen Glaubensbekenntnisses an demselben zur Anstellung gelangen können."[166] „Insgesamt verbrachte Albert Kalthoff 10 1/2 Jahre am Barmer Gymnasium, davon 2 1/2 Jahre in der Prima. Im Sommer 1869 bestand er dort das Abitur, wobei die mündliche Reifeprüfung so ablief, daß sich die Prüfungskommission morgens in der Schule einfand und den Beschluß faßte, alle vier Kandidaten von der mündlichen Prüfung zu dispensieren. Während Albert Kalthoff sich zum Theologiestudium entschloß, wählten seine Mitabiturienten Medizin und wurden tatsächlich auch alle drei Ärzte."[167] „In recht scharfem Kontrast zu diesem Schulmilieu stand das Unterbarmer Gemeindeleben. Es wurde beherrscht von Pfarrer Ernst Hermann Thümmel (1815-1887), der sich als "altbergisches Schlachtroß [bzw. Kanzel-Rambo] wider Hölle, Pabst, Freidenker und Baptisten" (welch letztere sich frecherdings kurz nach seinem Amtsantritt just im Schatten seines Kirchturms eingenistet hatten) betätigte und selbst auf gerichtlichem Wege kaum in seiner engstirnigen Polemik zu bremsen war. Dessen Sohn Hermann Thümmel (1850-1905) war ein Mitschüler Alberts, und nachher zeitweise auch sein Kommilitone in Berlin. Er war später Pfarrer in Köln und Altena und wurde dann Versicherungsagent, nachdem er 1898 sein Amt niedergelegt hatte - zeitgleich mit seinem jüngeren Bruder Wilhelm Thümmel (1856-1828), der seinem Vater an Polemik kaum nachstand und als Remscheider Pfarrer durch seine Gerichtshändel (Thümmelsche Religionsprozesse 1886) Aufsehen erregte. Dieser promovierte später und wurde als Theologieprofessor in Jena ein bedeutender Vertreter der liberalen Richtung!"[168] „Bei Pfarrer Thümmel sen. besuchte Albert Kalthoff den Konfirmandenunterricht, dreimal wöchentlich innerhalb der dreistündigen Schul-Mittagspause, und wurde 1864 in einer kleinen

[166] Henke, 132.
[167] Abresch, Enfant terrible, 22.
[168] Abresch, Enfant terrible, 22.

Gruppe von Real- und Gewerbeschülern konfirmiert. Zu seinen Mitkonfirmanden gehörte auch der später bedeutende und durch seine Gedächtnisforschung bekannt gewordene Psychologe Hermann Ebbinghaus (1850-1909), der allerdings damals zwei Klassen weiter war als Albert."[169]

[169] Abresch, Enfant terrible, 22.

g) Direktor Thiele

„Albert besuchte vermutlich zunächst eine Elementarschule; denn er bezog erst im Frühjahr 1859 die Barmer Realschule, welche im Laufe seiner Schulzeit zum Gymnasium ausgebaut wurde. In dieser Schule herrschte zu jener Zeit zwar ein konservatives, stark religiöspatriotisches Klima, doch läßt sich auch eine bemerkenswerte Aufgeschlossenheit gegenüber der Wissenschaft und ein solider, nachgerade angstfreier Umgang mit deren Fortschritten feststellen. Dieser Zug strahlte wesentlich wohl von der fachlichen Kompetenz des Schulleiters, Dr. Gustav Thiele aus; speziell zeigten sich seine Ehemaligen übereinstimmend stark davon beeindruckt, wie Thiele gleichsam aus dem Handgelenk in freiem Vortrag die neuesten Forschungsergebnisse zur Wirtschafts- und Sozialgeschichte des Römerreiches auseinandersetzte. Neben diesem wichtigen "Klimafaktor" gab es in der Lehrerschaft aber auch deutlich liberale Strömungen. Hier sind Prof. Dr. Carl Neumann (Mathematik, Physik), der 1866 zu den Gründern des Barmer Kunstvereins gehörte, und vor allem der Oberlehrer Dr. August Döring zu nennen. Letzterer, ein Sohn des Elberfelder Dichterpfarrers, unterrichtete Griechisch und Hebräisch und stand offenbar dem liberalen Schulverein des Bonner Philosophen Bona Meyer nahe. Er wurde 1870 Direktor des Dortmunder Gymnasiums und trat vehement für die Abschaffung des kirchlichen Religionsunterrichts ein eine Forderung, für die sich auch Albert Kalthoff zeitlebens stark machte.“[170] „Dr. Gustav Thiele. Gustav Ludwig Wilhelm Alexander Thiele ist geboren in Marienwerder am 11. Dez. 1813 und besuchte nach vollendetem Gymnasialkursus die Universitäten Königsberg, Halle und Wittenberg, erwarb 1838 in Halle die Würde eines Doktors der Philosophie und

[170] Abresch, Enfant terrible, 21f.

habilitierte sich daselbst 1839 als Privatdozent der Geschichte."[171] „1842 wurde er Gymnasiallehrer am Kloster U.L. Frauen in Magdeburg und wurde von dort 1845 ans Gymnasium in Duisburg versetzt und 1850 daselbst zum Oberlehrer befördert. Von M. 1854 – O. 1855 wirkte er als Oberlehrer in Barmen, von O. 1855 – M. 1856 in derselben Stellung am Kgl. Gymnasium in Frankfurt a.d.O. Von da wurde er M. 1856, nachdem er am 6. Mai das colloquium pro rectoratu vor der Wissenschaftl. Prüfungskommission abgelegt hatte, als Direktor nach Barmen berufen. Von M. 1856 – M. 1859 war er Direktor der vereinigten Latein- und Realschule nach dem Regl. Von 1832, von M. 1859 – M. 1865 des Progymnasiums und der Realschule I.O. nach der U. und P.O. von 1859, von M. 1865 - O. 1883 des Gymnasiums. Seit O. 1883 lebt er, pensioniert, in Wiesbaden, um von einem an Arbeiten und Mühen überreichen, aber auch mit seltenem Erfolge gekrönten Amtsleben auszuruhen."[172] „Seiner Thatkraft, seiner unermüdlichen Arbeits- und Schaffenslust, seiner bewundernswerten Klarheit und Umsicht, seinem Scharfblick im erkennen dessen, was die Zeit forderte und seinem außerordentlichen Geschick, den maßgebenden Kreisen seine Begeisterung und Schaffenslust mitzuteilen, ist die glänzende Entwicklung der ihm anvertrauten Schulen, in Sonderheit des rekonstruierten Gymnasiums, zu danken."[173] „Große Scharen dankbarer Schüler verehren ihn. Ihre Dankbarkeit kann nicht größer sein, als die des Schreibers dieser Zeilen, der gerade bei der Abfassung dieser Schrift immer und immer wieder sieht, welchen stolzen Bau er seinem Vorgänger zu verdanken hat, den in manchen Teilen weiter auszuführen er seit 7 Jahren bemüht ist."[174] „Der Lehrplan von 1856-59 unter Direktor Thiele. Von 1857/58 ab ist der Kursus in I. u. II 2jährig. I, II, III, IV, V, V;

---

[171] Henke, 70f.
[172] Henke, 71.
[173] Henke, 71.
[174] Henke, 71.

Religion: 2, 2, 2, 2, 3, 3; Deutsch: 3, 3, 3, 3, 4, 4; Latein: 3, 3, 3, 4, 4, -; Französich: 4, 4, 4, 5, 5, 5; Englisch: 4, 4, 4, -, -, -; Mathematik: 4, 4, 4, 4, -, -; Rechnen: 2, 3, 2, 3, 3, 4; Naturwissenschaft: 5, 5, 4, 2, 2, 2; Gesch. u. Geogr.: 3, 3, 3, 4, 4, 4; Zeichnen: 2, 2, 2, 2, 2, 2; Schreiben: 1, 1, 2, 2, 3, 4; Gesang: 1, 1, 1, 1, 2, 2. ... Gymnasialunterricht. Latein: 7, 7, 3, 4, 4, -; Griechisch: 5, 5, -, -, -, -."[175] „Es galt vor allem, das Gymnasium wieder völlig unabhängig vom Unterricht in den Realschulklassen zu machen d.h. die Gymnasialklassen nicht nur im Lateinischen und Griechischen, sondern in allen Fächern selbständig unterrichten zu lassen. Direktor Thiele faßte von vornherein dieses Ziel scharf ins Auge, konnte aber nicht sofort die nötigen Maßregeln ergreifen, da von 1856-59 die Reorganisation der Realschulen abgewartet werden mußte. Diese Reorganisation erfolgte am 6. Oktober 1859 durch die Unterrichts- und Prüfungsordnung für die R.-S. Dieselbe gab den Realschulen I.O. eine so feste, selbständige Gestaltung, daß von nun ab eine Kombination mit Gymnasialunterricht von den staatlichen Unterrichtsbehörden nicht weiter gestattet werden konnte."[176] „So wurde denn M. 1861 zunächst ein Progymnasium mit den Klassen IV u. V eröffnet. Die demselben mit der Realschule I.O. gemeinsamen Klassen V und VI mußten den bestehenden Bestimmungen gemäß ebenfalls allmählich nach dem Gymnasiallehrplan umgestaltet werden."[177] „Gymnasium und Realschule I.O. unter Direktor Dr. Thiele. 1865-1878. Gymnasium. 1865. 30. Sept. Durch Kabinettsordre vom 30. Sept. wird die Anstalt als Gymnasium anerkannt."[178] „Ein neuer Aufschwung begann unter einer neuen Leitung, unter Direktor Dr. Gustav Thiele (1856-1883)."[179] „... wird im ersten von Direktor Thiele herausgegebenen Jahresbericht von 1857 zum ersten

[175] Henke, 74.
[176] Henke, 77.
[177] Henke, 78.
[178] Henke, 89.
[179] Bohle, 63.

Male von den `Lehrpensa in den beiden Gymnasialklassen´ gesprochen;"[180] „Der erste in der Reihe dieser Schulleiter war der Rektor Wilhelm Wetzel, der am 17.10.1868 gestorben ist, nachdem er am 1.4.1856 in den Ruhestand getreten war."[181] „Weit größere Aufgaben harrten des zweiten Direktors, den die Schule nach ihrer Reorganisation von 1823 aufzuweisen hat. Dr. Gustav Thiele hat von 1856 bis 1883, also wiederum fast drei Jahrzehnte, die Anstalt geleitet und ihr nach allem, was sich aus den Akten darüber ermitteln läßt, das Gepräge seiner Persönlichkeit in weit höherem Maße als sein Vorgänger aufgedrückt."[182] „Durch Reskript des Provinzial-Schulkollegiums vom 28.5.1861 wurden seine [Thieles] dahingehenden Vorschläge gebilligt, und es wurde demgemäß `im Herbst des Jahres zunächst eine `Progymnasium´... eröffnet;"[183] „So hat Direktor Thiele die verschiedenartigsten Schultypen nicht etwa als fertige Gebilde übernommen, sondern ihren Neuaufbau oder Ausbau selber erst in die Wege geleitet und durchgeführt;"[184] „Daraus ergibt sich für die normale Schulzeit ein 6-jähriger Besuch der höheren Stadtschule; sie war ja auch nur das, was wir heute eine Nichtvollanstalt nennen, und wurde erst unter Thieles Leitung zu einer `Realschule I.O.´ mit entsprechenden höheren Berechtigungen und zu einem Gymnasium ausgebaut."[185] „Stammbaum der aus der Amtsschule hervorgegangenen höh. Schulen Barmens: `Amtsschule´ 1579-1717; Reformierte Rektorat- bezw. Lateinschule 1717-1823; `Stadtschule´ (Lateinschule und höh. Bürgerschule) als Privatanstalt unter Leitung eines Kuratoriums 1823-1828; Stadtschule (Lateinschule u. höh. Bürgerschule) als städtische Anstalt (Knaben und Mädchen vereinigt) 1828-1846; Lateinschule und

[180] Bohle, 64.
[181] Bohle, 81.
[182] Bohle, 82.
[183] Bohle, 84.
[184] Bohle, 84.
[185] Bohle, 119.

`Realschule´ 1846-1859 (Bezeichnung der Gesamtschule als Realschule genehmigt durch Min.-Verf. Vom 14.9.1846); Oktober 1859 wird die Schule als `Realschule I.O.` anerkannt und geht in das Ressort des Königl. Provinzialschulkollegiums über; 28. Mai 1861: Die vollständige Trennung des Gymnasialunterrichts vom Realschulunterricht wird verfügt; M. 1861 ein `Progymnasium´; Realschule I.O. 1859-1882: räumlich und durch Personal-Union vereinigt [mit Progymnasium] Direktion Thiele; Durch Kabinettsordre v. 30.9.65 erfolgt die Anerkennung als Gymnasium; Die Vereinigung mit der R.S.I.O. bleibt bestehen bis 1878 (Direktion Thiele).“[186] „1846: 14. September: Anerkennung der Schule als Realschule. 1865: Direktor Wetzel tritt in den Ruhestand. 1856-1883: Direktor Dr. Gustav Thiele. 1859: 6. Oktober: Anerkennung als Realschule I.O. (Realgymnasium). 1861: 22. März: Einweihung des neuen Schulgebäudes (jetzt Hauptpost). 1862: Verbindung der Vorschule mit der höheren Schule. 1865: 30. September: Anerkennung als Gymnasium. 1867: 18. Juli: 1. Abiturientenprüfung am Barmer Gymnasium.“[187] „Dr. Gustav Thiele. Gustav Ludwig Wilhelm Alexander Thiele ist geboren in Marienwerder am 11. Dez. 1813 und besuchte nach vollendetem Gymnasialkursus die Universitäten Königsberg, Halle und Wittenberg, erwarb 1838 in Halle die Würde eines Doktors der Philosophie und habilitierte sich daselbst 1839 als Privatdozent der Geschichte.“[188] „1842 wurde er Gymnasiallehrer am Kloster U.L. Frauen in Magdeburg und wurde von dort 1845 ans Gymnasium in Duisburg versetzt und 1850 daselbst zum Oberlehrer befördert. Von M. 1854 – O. 1855 wirkte er als Oberlehrer in Barmen, von O. 1855 – M. 1856 in derselben Stellung am Kgl. Gymnasium in Frankfurt a.d.O. Von da wurde er M. 1856, nachdem er am 6. Mai das

[186] Bohle, 198.
[187] Bohle, 245.
[188] Henke, 70f.

colloquium pro rectoratu vor der Wissenschaftl. Prüfungskommission abgelegt hatte, als Direktor nach Barmen berufen. Von M. 1856 – M. 1859 war er Direktor der vereinigten Latein- und Realschule nach dem Regl. Von 1832, von M. 1859 – M. 1865 des Progymnasiums und der Realschule I.O. nach der U. und P.O. von 1859, von M. 1865 - O. 1883 des Gymnasiums. Seit O. 1883 lebt er, pensioniert, in Wiesbaden, um von einem an Arbeiten und Mühen überreichen, aber auch mit seltenem Erfolge gekrönten Amtsleben auszuruhen."[189] „Seiner Thatkraft, seiner unermüdlichen Arbeits- und Schaffenslust, seiner bewundernswerten Klarheit und Umsicht, seinem Scharfblick im erkennen dessen, was die Zeit forderte und seinem außerordentlichen Geschick, den maßgebenden Kreisen seine Begeisterung und Schaffenslust mitzuteilen, ist die glänzende Entwicklung der ihm anvertrauten Schulen, in Sonderheit des rekonstruierten Gymnasiums, zu danken."[190] „Große Scharen dankbarer Schüler verehren ihn. Ihre Dankbarkeit kann nicht größer sein, als die des Schreibers dieser Zeilen, der gerade bei der Abfassung dieser Schrift immer und immer wieder sieht, welchen stolzen Bau er seinem Vorgänger zu verdanken hat, den in manchen Teilen weiter auszuführen er seit 7 Jahren bemüht ist."[191]

---

[189] Henke, 71.
[190] Henke, 71.
[191] Henke, 71.

## B) Metaphysik in Berlin und Halle

a) Feldzugspredigt in Metz

„Den deutsch-französischen Krieg von 1870/71 erlebte er noch als Feldprediger.“[192] „Sogar unser pazifistischer Großvater Kalthoff diente im deutsch-französischen Krieg 1870/71 als Feldgeistlicher. Später im Kaiserreich konnten `junge Leute von Bildung´ als sogenannte `Einjährige´ ihre zweijährige Wehrpflicht verkürzen, indem sie während ihrer Dienstzeit für Bekleidung, Ausrüstung und Verpflegung selbst aufkamen. Nach einem Jahr wurden sie zur Reserve beurlaubt und je nach Fähigkeiten als Offiziere der Reserve oder der Landwehr vorgeschlagen.“[193] „Metz, Hauptstadt des französichen Departements Moselle, Metropole Lothringens, an der Mosel, 110000 Einwohner (mit Vororten 150000 Einwohner); katholischer Bischof; gotische Kathedrale St. Stephan (1220/1400); Schuh- und Konserven-Industrie; Gartenbau. – Ursprünglich keltische Siedlung, kam 870 an das ostfränkische (deutsche) Reich, 13. Jahrhundert Freie Reichsstadt, kam 1552 zu Frankreich; war 1871/1918 deutsch.“[194]

---

[192] Horst Kalthoff, Jugend, 13, vgl. Donat, H., 1988, Hannover, E., 1989.
[193] Horst Kalthoff, Geschichte, 51.
[194] Großes Universallexikon, 964f.

## b) Theologiestudium in Berlin

„Danach studierte er Theologie in Berlin und entwickelte sich zu einem liberalen, sozial engagierten protestantischen Pastor, Freidenker, Monisten und Pazifisten.“[195] „Sein bewegtes, kämpferisches Leben wurde mehrfach geschildert.“[196] „Albert Kalthoff studierte Theologie in Berlin ... . Seine `Entwicklung vollzog sich in umgekehrter Richtung ... [zur] Entwicklung des kirchlichen Lebens in Deutschland: [So], wie dieses ... reaktionär sich zurückbildete, ging er freiheitlich voran.“[197] „Sein Studium absolvierte Albert Kalthoff ausschließlich in Berlin, wo er auch das Examen ablegte. Es heißt, er habe nur selten Vorlesungen besucht, sondern meist auf seiner Bude gearbeitet.“[198] „Danach ging Kalthoff zunächst als Hilfslehrer auf ein mecklenburgisches Rittergut.“[199] „Berlin, Größte Stadt Deutschlands, 883 km², 3,25 Millionen Einwohner (1939: 4,34 Millionen), heute [1975] gespalten in West- und Ost-Berlin. Als Hauptstadt des Deutschen Reiches im Herzen Deutschlands gelegen, war Berlin wichtigster Verkehrsknoten des Norddeutschen Tieflandes, bedeutendster Bahn- und Luftverkehrskonten Mitteleuropas, größter Handelsplatz und eine der wichtigsten Industrie-Städte des europäischen Festlandes. Durch den 2. Weltkrieg verlor Berlin diese zentrale und beherrschende Stellung. 75 % der Gebäude wurden im 2. Weltkrieg zerstört, darunter die City mit Sitz der Reichsbehörden, Wirtschaftsverwaltungen und den große Einkaufsstätten. Die Grenze zwischen West-Berlin und Ost-Berlin verhinderte einen einheitlichen Wiederaufbau, so daß in West-Berlin um Kurfürstendamm und Tauentzienstraße neue Verwaltungs- und Geschäftszentren entstanden.

---

[195] Horst Kalthoff, Geschichte, 16.

[196] Horst Kalthoff, Geschichte, 16, vgl: Abresch, 1996, Donat, 1988, Steudel, 1908, Wesseling, 1992.

[197] Horst Kalthoff, Jugend, 10.

[198] Abresch, Enfant terrible, 22.

[199] Abresch, Enfant terrible, 22.

Auch die Wohnviertel sind weitgehend wiederaufgebaut (Hansaviertel). Mit 350000 Industrie-Beschäftigten ist West-Berlin (480 km², 2,16 Millionen Einwohner) heute [1975] wieder die größte deutsche Industrie-Stadt. Umsatz der Industrie 1960: 9,5 Milliarden DM. An der Spitze liegen: Elektro-Industrie (30,8 %), Bekleidungs-Industrie (14,1 %) und Maschinenbau (8,9 %). Berlin ist aber auch wieder eine der wichtigsten deutschen Kalturstädte: Deutsche Akademie der Wissenschaften (Ost-Berlin), Humboldt-Universität (1810 gegründet, Ost-Berlin), Freie Universität (1948 gegründet), Technische Universität, Kirchliche und Pädagogische Hochschule, Hochschulen für Musik, Bildende Künste, angewandte Kunst (Ost-Berlin), Politik; Deutsche Forschungshochschule. Bedeutende wissenschaftliche Institute, Museen, Bibliotheken, Theater; katholischer und evangelischer Bischof. Mehrere Rundfunk- und Fernsehsender, Flughäfen, darunter der Großflughafen Tempelhof. Auch der Verkehr leidet sehr unter der Spaltung der Stadt. Berlins Stellung als Knotenpunkt wichtiger Fernzüge ging nahezu verloren. – Die Stadt wurde gebildet 1307 aus der Vereinigung von Kölln und Berlin; seit 1486 ständige Residenz der Kurfürsten von Brandenburg; Aufschwung durch Friedrich Wilhelm (den Großen Kurfürsten), seit 1871 Reichs-Hauptstadt; seit 1920 Verwaltungs-Bezeichnung Groß-Berlin. Am Ende des 2. Weltkriegs von den Sowjets erobert; am 12.7.45 in 4 Besatzungssektoren (amerikanisch, britisch, französisch, sowjetisch) aufgeteilt; 48 nach Einführung der DM-West und der DM-Ost Spaltung der Stadt in West-Berlin (amerikanischer, britischer und französischer Sektor) und Ost-Berlin (sowjetischer Sektor). Der Blockade West-Berlins durch die Sowjets 48/49 begegneten die Westmächte mit der Einrichtung der Luftbrücke. Die Spaltung Berlins wurde vollständig durch die von der DDR am 13.8.61 errichtete Sperrmauer. Seit 58 fordern die UdSSR und die DDR die `Aufhebung des Besatzungsregimes´ in West-Berlin und die Schaffung einer entmilitarisierten `Freien Stadt´; im Zusammenhang damit drohte die UdSSR, die Kontrolle der Verbindungswege zwischen BRD und West-Berlin der DDR zu übertragen, während die Westmächte auf ihrem Recht der Truppenstationierung in und des freien Zugangs nach West-Berlin beharrten. West-Berlin ist nach der Verfassung von 50 eine Stadt und ein deutsches Land; trotz enger politischer, rechtlicher und wirtschaftlicher Bindungen an die BRD hat es staatsrechtlich eine Sonderstellung unter der Alliierten Stadtkommandantur. Das Berlin-Statut und die Berlin-Deklaration von 52 regeln das Verhältnis West-Berlins zur BRD und zu den Besatzungsmächten. Es besitzt ein Parlament und als Exekutive einen Senat mit einem Regierenden Bürgermeister; in Bundestag und Bundesrat schickt es beratende Mitglieder. Das Berlin-abkommen (71/72) bestätigte die Verantwortlichkeit und die Rechte der 4 Mächte sowie die Bindung von West-Berlin an die BRD. Ost-Berlin (403 km², 1,09 Millionen Einwohner) besitzt einen eigenen Magistrat (Vorsitzender ist der Oberbürgermeister) als oberstes Organ der Gesetzgebung und Verwaltung für diesen Teil der Stadt. Es ist die Hauptstadt der DDR.“[200] „Philosophie, Weiblich (griechisch = Weisheitsliebe), Wissenschaft von den letzten Gründen und Normen der Gesamtwirklichkeit, die sie im Gegensatz zu der auf übernatürlicher Offenbarung beruhenden Theologie mit dem natürlichen Licht der menschlichen Vernunft zu erfassen sucht; gliedert sich in die Lehren vom Sein (Metaphysik), Erkennen (Erkenntnistheorie), Handeln (Ethik) und Denken (Logik) als Hauptdisziplinen und in Geschichts-, Kunst-, Rechts-, Religions-, Sprach-Philosophie und andere als Grund-Wissenschaften spezieller Seinsbereiche. – Unabhängig von bedeutenden philosophischen Leistungen in China und Indien begann

[200] Großes Universallexikon, 133ff.

die abendländische Philosophie im alten Griechenland, wo Sokrates, Plato (Idealismus) und Aristoteles (Realismus) sie entscheidend formten; bei Augustinus (Patristik) und Thomas von Aquin (Scholastik) ging sie enge Bindungen mit der christlichen Theologie ein; daraus lösten sie die bedeutendsten Denker der Neuzeit wieder: Bacon und Locke (Empirismus), Descartes und Leibniz (Rationalismus), besonders aber Kant (Kritizismus), Fichte und Hegel (Deutscher Idealismus). In der Gegenwart zeigen besonders Neuscholastik und Existenz-Philosophie neue Wege zur Erhellung der stets wiederkehrenden philosophischen Grundprobleme."[201] „Georg Wilhelm Friedrich Hegel, Einflußreicher deutscher Philosoph, Vollender des Deutschen Idealismus, 1770-1831; seit 1818 Professor in Berlin; sucht die gesamte Wirklichkeit, auch die Weltgeschichte, aus dem einen Urgrund des Weltgeistes zu begreifen. In notwenigem Gang komme diese absolute Idee zu sich selbst, indem sie aus sich alles als ihre Erscheinungen entfalte, und zwar nach dem Dreischritt: These – Antithese – Synthese. Subjektiver Geist, objektiver (Höhepunkt: der Staat als Selbstzweck) und absoluter Geist, der sich in Kunst, Religion und Philosophie vollendet. War von größter Wirkung auf die Staats- Gesellschafts- und Geschichtsphilosophie. Nach dem 1. Weltkrieg erfolgte eine neue Hinwendung zu Hegel, die seine noch unausgeschöpfte Metaphysik des Geistes, von ihren Grenzen befreit, fruchtbar zu machen suchte."[202]

---

[201] Großes Universallexikon, 1168f.
[202] Großes Universallexikon, 584f.

c) Promotion in Halle

„Albert Kalthoff ... promovierte in Halle."[203] „Dissertation über `Die Frage nach der metaphysischen Grundlage der Moral, mit besonderer Beziehung auf Schleiermacher untersucht´."[204] „1874 promovierte er in Halle zum Dr. phil. über `Die Frage nach der metaphysischen Grundlage der Moral, mit besonderer Beziehung auf Schleiermacher´."[205] „Durch den Genius des jungen Schleiermacher wurde er zu einer neuen Religionsauffassung geführt."[206] „Friedrich Schleiermacher, Deutscher evangelischer Theologe und Philosoph, 1768-1834; bildete als einer der führenden Romantiker Kants Kritizismus weiter und bestimmte die Religion im Gegensatz zur Aufklärung als Bewußtsein schlechthinniger Abhängigkeit vom Unendlichen, das nur der Anschauung und dem Gefühl, nicht aber dem Verstand zugänglich sei."[207] „Halle an der Saale, Hauptstadt des Bezirkes Halle, am Süd-West-Rand der Leipziger Bucht und an der Saale (Hafen), 257000 Einwohner; Universität, Hochschule für Theater und Musik, Hochschule für industrielle Formgestaltung; Akademie der Naturforscher (Leopoldiana), Franckesche Stiftungen (soziale und caritative Einrichtungen); Solbad, Salzgewinnung, vielseitige Industrie."[208] „Metaphysik, Weiblich (griechisch = nach der Physik), Lehre von den letzten Gründen des Seins, im Gesamtwerk des Aristoteles nach der Physik (= Naturwissenschaft) behandelt, daher diese Bezeichnung. Als philosophische Grunddisziplin untersucht die allgemeine Metaphysik in der Seinslehre (Ontologie) das, was alles Seiende seiend macht, das Sein als solches, und in der gotteslehre (philosophische Theologie) das Seiende, insofern es über sich selbst

[203] Horst Kalthoff, Jugend, 10.
[204] Horst Kalthoff, Jugend, 249.
[205] Abresch, Enfant terrible, 22.
[206] Nigg, Geschichte, 289.
[207] Großes Universallexikon, 1365.
[208] Großes Universallexikon, 566.

hinaus auf ein höchstes Sein (Gott) als Grund und Ziel alles Seienden verweist. Die besondere Metaphysik umfaßt die philosophische Anthropologie und die Kosmologie (Naturphilosophie)."[209]

[209] Großes Universallexikon, 961.

d) Rückkehr nach Berlin

„Im gleichen Jahr [1874] kehrte er nach Berlin zurück und heiratete dort Anna Franz, eine Arzt-Tochter aus Rügenwalde, die Malerin war."[210] „1874 heiratete er in Berlin die Malerin Anna Franz, Tochter des Sanitätsrates Dr. med. Wilhelm Alexander Friedrich Franz (1816-1864) und seiner Frau Agnes Succo in Rügenwalde."[211] „Seine Frau Anna, geborene Franz, die er 1874 heiratete, starb schon 1878, zwei Jahre nach der Geburt des Sohnes Walter."[212] „Seine junge Frau starb zwei Jahre nach der Geburt des Sohnes Walter Kalthoff (1876-1933)."[213]

[210] Abresch, Enfant terrible, 22.
[211] Horst Kalthoff, Geschichte, 16.
[212] Horst Kalthoff, Jugend, 11.
[213] Horst Kalthoff, Geschichte, 17.

## C) Streit mit dem Königlichen Konsistorium in Brandenburg

### a) Barbarossas Bartstreit

„Bereits bei seinem ersten Amtsantritt, als Hilfsprediger an St. Markus in Berlin, stolperte Kalthoff über seinen riesigen roten Bart, der nicht nur sein Gesicht verunzierte, sondern auch der Brandenburgischen Kirchenordnung zuwider wallte.“[214] „Als Hilfsprediger der St. Markusgemeinde in Berlin brachte Kalthoff von einer Ferienreise als männliches Zierstück die Grundlage zu einem forschen Schnurrbart mit, den er nach beendigter Reise nicht dem Schermesser opfern, sondern weiter pflegen wollte, was zu damaliger Zeit nur einige wenige angeblich aus \`Gesundheitsrücksichten´ wagten. Bartlosigkeit, Kotelette oder Rähmchen, das waren die drei Formen, unter denen die evangelischen Theologen der herkömmlichen Sitte gemäß zu wählen hatten. Kalthoff strebte auch darin, wie die \`Köln. Ztg.´ schreibt, eine Neuerung an, aber ehe er sagen konnte: \`es ist erreicht´, waren ihm die beiden Pfarrer von St. Markus in die Haare geraten. Da Kalthoff für ihr Verlangen nach Beseitigung des Schnurrbarts keine Neigung zeigte, wurde ihm durch Presbyterialbeschluß die Tonsur der Oberlippe auferlegt, und da auf seine Beschwerde das brandenburgische Konsistorium den Beschluß nicht aufhob, wandte sich Kalthoff an den Oberkirchenrat, welcher erklärte, in einer so wichtigen Frage müsse die größere Gemeindevertretung gehört werden; den \`Vorgänge´ für eine solche Neuerung lägen nicht vor.“[215] „...der pietistische Generalsuperintenden verlangte von dem jungen Predigtamtkandidaten vor allem, daß er seinen Vollbart auf dem Altar der Kirche zum Opfer bringe und das Gott wohlgefällige glattrasierte Kinn zeige, daß ein so schönes äußeres

[214] Abresch, Enfant terrible, 22.
[215] Saale-Zeitung, 20.5.1906.

Merkmal der glatten Scheinheiligkeit ist."[216] „Als junger Pfarrer machte Kalthoff zuerst von sich reden, als er sich weigerte, seinen Vollbart auf dem Altar der Kirche als Opfer darzubringen, wie ein pietistischer Generalsuperintendent von ihm verlangte. Durch dieses kleine Zerwürfnis wurde er in die Berliner kirchliche liberale Bewegung hineingezogen. Die Gesinnungsgenossen schienen ihm jedoch der orthodoxen Behörde der Hegelschen Ära nicht kraftvoll genug entgegenzutreten. Er ging deshalb seinen eigenen Weg und trat aus der Kirche aus. `Lieber sein kärglich Brot als Kellner bei Buggenhagen verdienen´, rief er seinem besorgten Freund zu, `als im Dienste dieser Landeskirche verbleiben´."[217] „Wenn fernerhin das Kirchenregiment Kalthoff nicht immer ungeschoren ließ, seinen Schnurrbart behielt er doch und gleichzeitig war die hochwichtige Bartfrage für die evangelische Geistlichkeit gelöst."[218] „Als nun die größere Gemeindevertretung über den Schnurrbart ihres Hülfspredigers beraten sollte, äußerte der erste Redner, die Kirchenbehörde möge ihren Hülfsprediger `ungeschoren´ lassen, die die Versammlung pflichtete ihm bei."[219] „Der Bündner `Volksmann´ Luzi Michels begleitete die Meldung von dem drolligen Streit um Kalthoffs Bart mit folgender Glosse: `Ueber solche miseablen Kleinigkeiten streiten sich die Spitzen der Gläubigen im Jahre des Heils 1875. Man muss sich wahrhaft genieren, solche Kollegen (nicht à la Kalthoff!) zu haben. Man wirft den Radikalen vor, sie machten das Volk unkirchlich. Mir scheint, solche kollegialen (d.h. konsistorialen) Eseleien, wie die Berliner Bartaffäre, müssen der alten Kirche mehr schaden als sämtliche Negationen Reden sämtlicher Negativen.´"[220] „Als Hilfsprediger an St. Markus in Berlin überstand Albert

[216] Volkszeitung Berlin, 6.7.1906.
[217] Weser-Zeitung, 14.5.1906.
[218] Basler Nachrichten, 24.5.1906.
[219] New-Yorker Staatszeitung, 4.6.1906.
[220] Knellwolf, Kalthoff, der Prophet der Zukunft-Religion, 1908, 1.

Kalthoff den ersten, eher tragikkomischen Konflikt mit der Kirchenbehörde wegen seines `anstößigen´ Vollbartes, und zwar `ungeschoren´."[221] „1874 wurde er Hilfsprediger an St. Markus in Berlin. Als das Konsistorium von ihm verlangte, seinen Vollbart abzuschneiden, fragte er: `Was hat ... die Religion mit meinem Bart zu schaffen?´ und weigerte sich. Der `Kladderadatsch´[222] nahm sich der Angelegenheit in seinem Wochenkalender an: `Montag, 1. Februar: Dem Pastor Kalthoff wird, bei Strafe der Amtsenthebung, von dem Oberkonsistorialrat Hegel[223] befohlen, sich den Bart scheren zu lassen. – Dienstag, 2. Februar: Der Pastor wendet sich an Behörden und Fakultäten, indem er nachweist, daß er den Bart trage getreu dem Vorbild des Stifters seiner Religion. – Mittwoch, 3. Februar: eine hohe Behörde entscheidet: Sintemal der Vollbart ein gar barbarisches Aussehen gäbe, also zieme es sich nicht für einen Hirten, daß er Haare auf den Zähnen habe. – Donnerstag, 4. Februar: Eine andere Behörde entscheidet: Obgleich aus einem Vollbart noch nicht auf Ketzerei zu schließen, solle dennoch der Pastor Haare lassen. – Freitag, 5. Februar: eine theologische Fakultät entscheidet: Sintemal 3. Mose 21,5 den Brüdern befohlen wird, `sie sollen sich keine Platten machen aus ihrem Haupte noch ihre Haare abschneiden und an ihrem Leibe kein Mal setzen´, also sei die Sache zweifelhaft. – Sonnabend, 6. Februar: Wir entscheiden: Sintemal fast alle Apostel, Propheten, Patriarchen und Kirchenväter Vollbärte getragen, also möge Herr Hegel, wenn es ihm beliebt, sich selbst scheren, die Pastoren aber ungeschoren lassen, die Theologen des – Kladderadatsch!´ Der junge Kalthoff ging `ungeschoren aus diesem

[221] Horst Kalthoff, Geschichte, 16.

[222] „Wöchentlich erscheinendes, illustriertes politisch-satirisches Witzblatt, das im Revolutionsjahr 1848 in Berlin gegründet wurde. Trotz seiner Liberalität bestand es bis 1944 (Neugründung 1969). Der zitierte Wochenkalender erschien am 13.1.1875.", in: Horst Kalthoff, Jugend, 249:

[223] „`Der unbedeutende Sohn eines großen Philosophen namens Hegel´; Steudel, F. (1908)", in: Horst Kalthoff, Jugend, 249.

ersten tragikkomischen Konflikt mit dem Kirchenregiment hervor´."[224] „Schon als Hilfsprediger in Berlin stieß er mit der kirchlichen Behörde zusammen, weil diese seinen Vollbart beanstandete und dessen Abrasierung verlangte. Kalthoff beharrte auf seiner individuellen Freiheit und ging `ungeschoren´ aus dem Kampf hervor, wobei man sich nur verwundern muß, daß die deutsche Kirche noch im Jahre 1875, als bereits die soziale Frage an ihre Tore pochte, nichts Gescheiteres zu tun wußte, als sich mit solchen Bagatellen abzugeben."[225]

[224] Horst Kalthoff, Jugend, 10f.
[225] Nigg, Geschichte, 289.

b) Versetzung nach Nickern

„Da Kalthoff aber stur blieb, wurde er kurzerhand in ein winziges Provinznest im äußersten Südosten Brandenburgs, nach Nickern bei Züllichau versetzt.“[226] „Kalthoffs Frau Anna war 1878 unter der Geburt des ersten Sohnes gestorben.“[227] „Bereits 1879 hatte Kalthoff in Nickern die Tochter eines dortigen Rittergutsbesitzers geheiratet, Eugenie Schulz, die ihm drei Töchter schenkte, aber ebenfalls nach kurzer Ehe bereits 1884 starb.“[228] „Im Jahr darauf [1875] übernahm er das Pfarramt in Nickern (Kreis Züllichau-Schwiebus, heute Polen).“[229] „Im Herbst 1875 wählte die Gemeinde Nickern bei Züllichau Albert Kalthoff zum Pfarrer, allerdings erklärten sich `alle Geistlichen des [brandenburgischen] Kreises Züllichau, mit Ausnahme dreier alter Herren, ... mit ihrem Superintendenten ``solidarisch zur Abwehr des seelenverderbenden Eindringlings´´.´ Dennoch war er bald heimisch in seiner Gemeinde.“[230] „Nickern, Mark Brandenburg, auch `Mark´ schlechthin, Kernland des ehemaligen preußischen Staats. Die Landschaft Brandenburgs gehört mit ihren Sandheiden (40,8 %), Kiefernwäldern (33 %) und den Havel- und Spreeseen ganz dem Norddeutschen Tiefland an, durchbrochen von den Niederungen der Urstromtäler. – Bis 1945 preußische Provinz; 45/52 Land der DDR. Das brandenburgische Gebiet östlich der Oder steht seit 45 unter polnischer Verwaltung. 52 wurde Brandenburg in die Bezirke Potsdam, Frankfurt an der Oder und Cottbus aufgeteilt. Geschichte Preußen.“[231]

---

[226] Abresch, Enfant terrible, 22.
[227] Abresch, Enfant terrible, 24.
[228] Abresch, Enfant terrible, 24.
[229] Horst Kalthoff, Geschichte, 16f.
[230] Horst Kalthoff, Jugend, 11.
[231] Großes Universallexikon, 178.

c) Der Fall Hoßbach

„Albert Kalthoff wurde am 5. März 1850 in Barmen geboren und war nach Studium in Berlin und Promotion in Halle zunächst Pfarrer in Nickern b. Züllichau. Die Nichtbestätigung der Wahl Hossbachs zum Pfarrer an der St. Jakobi-Gemeinde in Berlin veranlaßte ihn zu einer Eingabe an das Konsistorium, worin er erklärte, `er halte sich nur an die, auf die Verwaltung und äußere Ordnung der Kirche bezüglichen Ordnungen seiner Vorgesetzten gebunden, bestreite denselben aber das Recht, auch wegen der Lehre bindende Vorschriften zu geben, sehe vielmehr selbst sich für berechtigt an, lediglich seiner Überzeugung zu folgen und leugne seinerseits die normative Autorität der heiligen Schrift, die Wunder, die Gottmenschheit Jesu´ (Veeck, Bremische Biographie, 241).“[232] „Kalthoff amtierte als junger Pfarrer in Nickern bei Züllichau. Da ward – Ende der 70er Jahre – an der Berliner Jakobikirche ein Lizentiat Hoßbach zum Pfarrer gewählt, seine Wahl aber ward vom Konsistorium und Oberkirchenrat verworfen, weil er die Gottheit Christi `leugnete´. ... Kalthoff griff in die Angelegenheit ein, indem er dem Oberkirchenrat in einer Zuschrifterklärte, er teile Hoßbachs Standpunkt vollständig. Der Erfolg war die Absetzung Kalthoffs wegen Irrlehre und Ungehorsams. – Kalthoff suchte sich hierauf in Berlin eine eigene Gemeinde – los von der Landeskirche – zu schaffen, aber sein Plan mißlang, da es an Geld fehlte. ... Mit anderen Worten: Die Landeskirche duldete keinen `Ketzer´ in ihrer Mitte, der es zu sein auch noch in `auffälliger Weise´ zu sagen wagte.“[233] „Damals gab es in Preußen die `Fälle Sydow und Hoßbach´: Adolf Sydow (1800-1882), Prediger an der Neuen Kirche zu Berlin, erklärte 1872 in einem Vortrag, Jesus sei der legitime Sohn von Josef

[232] Detering, 411f., Fußnote 62.
[233] Brandenburger Zeitung, 15.5.1906.

und Maria.[234] Das Konsistorium erteilte ihm einen geschärften Verweis.[235] Darauf bekannten sich Theodor Hoßbach (1834-1894) und andere Geistliche in Berlin und Brandenburg zu Sydows Ansicht. Deshalb verweigerte die kirchliche Oberbehörde 1877 Hoßbach die Bestätigung seiner Wahl als Pfarrer an St. Jakobi in Berlin.[236]"[237] „Allein, beim dortigen Pfarrverein stieß er bald auf ähnlichen Unmut, besonders als er mit einer Solidaritätsadresse für den 1877 an St. Jakobi (Berlin) gewählten, aber durch die Kirchenleitung nicht bestätigten modernen Theologen Theodor Hoßbach förmlich in ein Wespennest griff. Hoßbach war nämlich zum Opfer eines erbitterten Machtkampfes zwischen der sog. "Hofpredigerpartei" (Kögel) und der liberalen Cultus-Administration geworden, in deren Folge sowohl der Oberkirchenrats-Präsident (Hermann) als auch der Kultusminister (Adalbert Falk) ihren Hut nahmen."[238] „Das Königl. Consistorium hat mir durch Verfügung vom 4. Oktober h.a. die Berufung an St. Jakobi versagt. ... Das Königl. Consistorium hat in dem erwähnten Erlaß unter anderem den Vorwurf mangelnder Klarheit gegen mich erhoben."[239] „Vom demokratischen Standpunkte aus würde ich es für überflüssig halten, vor irgend jemand anders, als meiner Wählerschaft, über meine Lehrmeinungen mich zu verantworten. Aber Kalthoffs mutiges und unaufgefordertes Hervortreten zeigt uns den ganzen Mann und entspricht dem Vorbild Jesu, der anfing zu predigen, als der Täufer [Hoßbach] ins Gefängnis gelegt ward."[240] „Auch in seiner ersten Gemeinde geriet er bald mit dem Oberkirchenrat

---

[234] Vortrag im Berliner Unionsverein „Über die wunderbare Geburt Jesu"; Sydow, A. (1872), in: Horst Kalthoff, Jugend, 250.
[235] Horst Kalthoff, Jugend, 250, vgl. Brockhaus, 1908, Bd. 15, 533.
[236] Horst Kalthoff, Jugend, 250, vgl. Brockhaus, 1905, Bd. 9, 355.
[237] Horst Kalthoff, Jugend, 11f.
[238] Abresch, Enfant terrible, 22f.
[239] Ev. Ober-Kirchenrath, Entscheidung Lic. Hoßbach, 1878, 3.
[240] Knellwolf, Kalthoff, der Prophet der Zukunft-Religion, 1908, 1.

in Konflikt, da er es als unrechtmäßig empfand, zu dem `Fall Hoßbach´ zu schweigen.“[241]

[241] Nigg, Geschichte, 289.

d) Suspendierung vom Amt

„Nun erklärte Albert Kalthoff, daß er sich die Vertretung seiner Ansichten von der Kirche nicht verbieten lasse, und wurde gegen alle Bitten der Gemeinde suspendiert.“[242] „Kalthoff hatte erklärt: `Ich lehre in meiner Gemeinde nicht das Wunder und die Gottheit Christi, ich beanspruche ... das protestantische Recht, ... mein geistiges Selbst, meine Überzeugung bekennen zu dürfen.´“[243] „Gewohnt ist man von geistlicher Gewalt die Anmassung, über die Köpfe der Gemeinde und ohne Rücksicht auf ihr Vertrauen zum Pfarrer, diesen wegzubefehlen oder abzusetzen, trotzdem das Kirchenregiment keinen Pfennig an den Unterhalt zu bezahlen hat.“[244] „Mit dieser Bevormundung der Gemeinden durch die Kirchenbehörden müssen einmal jene selbst aufräumen.“[245] „Am 9. Mai 1878 wurde Kalthoff `wegen grober Verletzung seiner Amtspflichten´ aus dem Pfarramt entfernt.“[246]

[242] Horst Kalthoff, Jugend, 12.
[243] Elcho, R, 1878, in: Horst Kalthoff, Geschichte, 17.
[244] Knellwolf, Kalthoff, der Prophet der Zukunft-Religion, 1908, 1.
[245] Knellwolf, Kalthoff, der Prophet der Zukunft-Religion, 1908, 1f.
[246] Detering, 411f., Fußnote 62.

e) Predigten unter freiem Himmel

„Der Patron der Kirche und spätere Schwiegervater Kalthoffs, der Rittergutbesitzer Eugen Schulz (1808-1896), berief eine Zusammenkunft unter freiem Himmel ein. Trotz stürmischen Wetters kamen viele Menschen. Kalthoff sprach in bürgerlicher Kleidung und schloß mit einem Gebet. Das Konsistorium sah in der Versammlung, besonders im Gebet `strafbaren Trotz´ und drohte mit Disziplinarstrafe. Kalthoff aber bewahrte sich das `heiligste Christenrecht, beten zu können, wann und wo das Herz dazu drängt´, und predigte `weiter unter freiem Himmel [vor] Tausende[n] von Hörern.´"[247] „Nach seiner Entlassung predigte der junge Rotbart unverdrossen nun im Freien, auf Straßen, in Parks und Kneipen."[248] „Zuerst versuchte er die Absetzung wirkungslos zu machen, indem er in seiner Gemeinde auch bei stürmischem Wetter unter freiem Himmel weiter predigte, bis ihm auch das `schlechterdings verboten´ wurde."[249]

---

[247] Horst Kalthoff, Jugend, 12.
[248] Abresch, Enfant terrible, 23.
[249] Nigg, Geschichte, 289.

f) Disziplinaruntersuchung bzw. kaiserlich angeordnetes Revoco

„Nun befaßte sich nicht der `Kladderadatsch´, sondern Kaiser Wilhelm I. (1797-1888) mit den `Fällen´ in der preußischen Kirche und schrieb am 12. März 1878[250]: `Die Lage unserer Kirche wird immer brennender!! Die laue Behandlung des Falles Sydow hat genau die bösen Folgen getragen, die ich vorhersagte ... Sein Schüler Hoßbach predigte von der Kanzel, was jener nur in Privatversammlungen ... lehrte, und erhielt eine Warnung; nun tritt ein Dritter bei Züllichau [gemeint ist Albert Kalthoff] auf und leugnet noch frecher die Grundpfeiler unseres Glaubens; er wird zur Revozierung aufgefordert und mit Disziplinaruntersuchung bedroht; dies schwebt erst seit einigen Tagen. Sie wissen, wie entschieden ich für unseren Glauben eingetreten bin, und daß ich ... [mit] Strenge gegen Irrlehren auftrete, damit nicht noch mehr verführt werden.´“[251]

[250] Brief an Generalfeldmarschall Graf von Roon; Lonke, A., 1944, in: Horst Kalthoff, Jugend, 250.
[251] Horst Kalthoff, Jugend, 12.

g) Die erste Verteidigungsrede

„Seine "Vertheidigungsrede wider die Anklage des königlichen Consistoriums der Provinz Brandenburg zu Berlin, gehalten am 9. Mai 1878, nebst den wichtigsten darauf bezüglichen Actenstücken" erschien im gleichen Jahr auf dem Buchmarkt, wie schon zuvor einige seiner Predigten (darunter auch zu Galater 1,8: `Gesetz und Evangelium´)."[252]
„Die Vertheidigungsrede Kalthoffs vor dem Konsistorium atmet ganz den Geist des Wahrheitsmutes, den die Apostel vor dem hohen Rat in Jerusalem bewiesen und den die angebliche Kirche Jesu Christi an diesen ihren Stiftern rühmt, ihren heutigen Dienern am Worte aber schwer verübelt ... ."[253]

[252] Abresch, Enfant terrible, 23.
[253] Knellwolf, Kalthoff, der Prophet der Zukunft-Religion, 1908, 2.

h) Amtsenthebung

„Im Juli 1878 bestätigte der evangelische Kirchenrat die Amtsenthebung `wegen grober Verletzung der Amtspflichten´ und legte Kalthoff die Kosten des Verfahrens auf.“[254] „Des energischen Protestes seiner Gemeinde ungeachtet wurde auch Kalthoff am 29. Juli 1878 durch den preußischen Oberkirchenrat des Amtes entsetzt.“[255] „... Der Zulauf war so stark, daß das Brandenburgische Konsistorium 1878 ein Disziplinarverfahren wegen "strafbaren Trotzes" nachschob.“[256] „Obwohl sämtliche Hausväter seiner Gemeinde zu ihm standen, verfügte das Konsistorium der Provinz Brandenburg wegen `strafbaren Trotzes´ die Amtsenthebung des erst Achtundzwanzigjährigen!“[257]

[254] Horst Kalthoff, Jugend, 12.
[255] Abresch, Enfant terrible, 23.
[256] Abresch, Enfant terrible, 23.
[257] Nigg, Geschichte, 289.

i) Die zweite Verteidigungsrede

„Auch Kalthoffs zweite Verteidigungsrede, gehalten am 15. Februar 1879 vor dem Königlichen Gerichtshof für kirchliche Angelegenheiten, wurde als Traktat gedruckt."[258] „Zwei Wochen später rief Kalthoff, der inzwischen in die Reichshauptstadt zurückgekehrt war, zur Konstituierung einer außerkirchlichen Opposition auf."[259]

[258] Abresch, Enfant terrible, 23.
[259] Abresch, Enfant terrible, 23.

## D) Vereinsgründungen in Berlin

### a) Der Protestantische Reformverein

„Nach der Amtsenthebung durch den evangelischen Kirchenrat ging Albert Kalthoff mit seiner Frau 1878 nach `Steglitz bei Berlin´. In Berlin gründete er den Protestantischen Reformverein."[260] „Der Abgesetzte zog mit seiner zweiten Gattin Eugenie, geborene Schulz, 1879 nach Berlin und fand wegen seiner `Fälle´ schnell eine liberale Gemeinde, die er zum Protestantischen Reformverein zusammenschloß."[261] „1879 schloß Albert Kalthoff die Ehe mit Eugenie Julie Dorothea Schulz (1855-1884), Tochter des Rittergutsbesitzers in Nickern Eugen Schulz (1808-1896) und dessen Frau Dorothea Auguste geb. Valentin (1808-1886). Der Gutsbesitzer als Patron der Kirche in Nickern unterstützte Pastor Kalthoff bei dessen Konflikt mit der Kirchenbehörde."[262] „Die drei Töchter Anna Kalthoff, Elisabeth Kalthoff und Dora Kalthoff de Seemann kamen in Steglitz zur Welt."[263] „Er übersiedelt 1879 nach Steglitz bei Berlin und gründete sich eine eigene Gemeinde, die er `Protestantischen Reformverein´ nannte. Damit deutet er an, dass er sich trotz der erfahrenen Unbill nicht in Gegensatz zur Kirche stellen, sondern ihr vorarbeiten wolle zu einer freien Form der Frömmigkeit. Naiv erscheint uns heute, dass er und seine tatsächlich freie Gemeinde an die preussische Landessynode mit der Eingabe um Aufhebung der Bekenntnisverpflichtung für die Prediger gelangte. Sie wurde einfach unter den Tisch gewischt. Selbst redend!"[264] „In Preussen gibt´s noch heute keinen andern Weg dazu, als den Gesamtaustritt aus der

---

[260] Horst Kalthoff, Geschichte, 17.
[261] Horst Kalthoff, Jugend, 12.
[262] Horst Kalthoff, Geschichte, 17.
[263] Horst Kalthoff, Geschichte, 17.
[264] Knellwolf, Kalthoff, der Prophet der Zukunft-Religion, 1908, 3.

Landeskirche ..., um dann zu einem Bunde freier Gemeinden sich später ... in ganz loser Weise zu vereinen."[265] „Schon 1863 war in Frankfurt der Protestantische Reformverein gegründet worden, eine kirchliche Erneuerungsbewegung, die für eine weltoffene Volkskirche (statt der amtszentrierten, royalistischen Pastorenkirche) eintrat, vor allem der modernen, liberalen Theologie Geltung verschaffen und der bürgerlichen Emanzipation Rechnung tragen wollte. Bis zur Jahrhundertwende hatte sich dieser Verein allmählich im ganzen Land verbreitet; er wurde vorwiegend von Pfarrern geleitet, die nicht selten dieserhalb ihrer Ämter entsetzt wurden."[266] „Die Reform-Protestanten bzw. Freiheits-Freunde wollten nun durch praktische Umsetzung solcher theologischen Erkenntnisse in ein zeitgemäßes Christentum dem Auseinanderdriften von Kirche und Welt entgegenwirken. Ihr wesentliches Anliegen war es, auf dem inzwischen gefestigten Boden der Aufklärung christliches Gedankengut in einer modernen und zukunftsfähigen Form lebendig zu erhalten."[267] „Sehr rasch gelang die Gründung des `Protestantischen Reform-Vereins´, einer zur Förderung der liberalen Theologie gebildeten Protestorganisation gegen die kirchliche Obrigkeit und für eine moderne, zeitgemäße Kirche."[268] „Jedoch tritt sein Verein insofern aus den Rahmen der Landeskirche und jeder Konfession heraus, als er über allen Verschiedenheiten der religiösen Bekenntnisse steht."[269] „Er war daraufhin zunächst einige Zeit als Redner des Bremer [Berliner! A.d.A.] Protestantischen Reformvereins tätig. In dieser Zeit entstand sein `Leben Jesu´, eine Sammlung von Reden, die ihn noch ganz als Anhänger der liberalen Theologie ausweisen. Durch den raschen Niedergang des Protestantischen Reformvereins war auch Kalthoffs wirtschaftliche

---

[265] Knellwolf, Kalthoff, der Prophet der Zukunft-Religion, 1908, 2.
[266] Abresch, Freunde, 51.
[267] Abresch, Freunde, 51.
[268] Abresch, Enfant terrible, 23.
[269] Knellwolf, Kalthoff, der Prophet der Zukunft-Religion, 1908, 3.

Existenz zeitweise gefährdet. Nachdem er sich seinen Unterhalt mühsam mit Beiträgen für die Gartenlaube usw. verdient hatte, wurde er 1884 zum Pfarrer von Rheinfelden bei Basel gewählt."[270] „Darauf zog er nach Berlin und rief dort den `Protestantischen Reformverein´ ins Leben, der die alten Bekenntnisschriften ablehnte und sich allein an den Menschen wandte. Doch vermochte ihn dieser Reformverein nicht vor schweren finanziellen Sorgen zu schützen."[271]

---

[270] Detering, 411f., Fußnote 62.
[271] Nigg, Geschichte, 289.

b) Reden [und Kasualien] im oberen Saale der Reichshallen

„Er predigte im oberen Saal der Reichshallen an der Leipziger Straße, nicht gegen die Kirche, sondern als `Wegbereiter dahin, wohin die Kirche nach seiner Überzeugung kommen müsse´."[272] „Am 27. April 1879 hielt Kalthoff die Predigt zur Eröffnungsfeier dieses Vereins im oberen Saale der Reichshallen, ein flammendes Bekenntnis zu christlicher Freiheit."[273] „Bald vollzog Kalthoff an gleicher Stelle, in den Reichshallen, wo er nahezu wöchentlich auftrat, auch die erste (`frei-kirchliche´) Trauung, nachdem er in seiner Ansprache `Die Ehe´ seine liberale Auffassung von dieser Einrichtung auseinandergesetzt hatte."[274] „Um sich das Ausmaß dieser Frechheit, wie überhaupt der Vereinsgründung, zu vergegenwärtigen, muß man sich die damalige Autorität der preußischen Kirche vor Augen führen: In jenem Jahr ohrfeigte ein Berliner Pfarrer öffentlich eine schwangere Braut, bevor er zur Trauung schritt, und beschloß die Generalsynode - als Reaktion auf das neue Zivilrecht die Einführung des Tauf- und Trauzwanges für ihre `Mitglieder´ (d. h.: Untertanen)."[275] „Zu seiner Gemeinde ... lud Kalthoff in der Eröffnungsrede vom 27. April 1879 allen ein, was kommen wollte. `Nicht an die Protestanten, nicht an die Katholiken, nicht an die Juden und Griechen, - sondern wir werden uns an die Menschen, an alle, die mit einem Menschenherzen geboren sind.´ Das Wort `protestantisch´ ist also für ihn nicht die Marke konfessioneller Sonderung, sondern hat den Sinn, dass eine freie Frömmigkeit gepflegt werden solle. `Lasset immer Protestanten wider Knechtessinn uns sein´."[276] „Im gleichen Jahr hatten die Berliner Reform-Protestanten einen Gastredner aus Bremen zu

[272] Horst Kalthoff, Jugend, 12.
[273] Abresch, Enfant terrible, 23.
[274] Abresch, Enfant terrible, 23.
[275] Abresch, Enfant terrible, 23.
[276] Knellwolf, Kalthoff, der Prophet der Zukunft-Religion, 1908, 3.

Besuch: Pastor K. R. Schramm, der 1877 an St. Jakobi als Zweitberufener nach Hoßbach ebenfalls nicht bestätigt worden war. Schramm hatte daraufhin Zuflucht beim Bremischen Protestanten-Verein gefunden, den zwei Altstadt-Pastoren bereits 1863 gegründet und zur deutschen Hochburg des linksliberalen Protestantismus ausgebaut hatten."[277] „Rudolf Schramm (+ am 7. Februar 1890) ist einer der vornehmsten Vertreter des neueren theologischen Liberalismus. Sein universeller, auf das Konkrete gerichteter Geist verstand es, den Gedanken der Hegel-Schleiermacherschen Theologenschule eine außergewöhnliche volkstümliche Kraft zu verleihen. Diese seine besondere geistige Veranlagung, seine reiche und mannigfaltige Wirksamkeit auf allen Gebieten des kirchlichen und geistigen Lebens, sowie der Umstand, daß er nicht ein Kopist oder Interpret, sondern ein selbständiger Mann mit stark ausgeprägter Individualität war, macht Schramm geeignet, als typischer Repräsentant der bezeichneten theologischen und kirchlichen Richtung, der sogenannten \`Protestantenvereins-Theologie´ zu gelten."[278] „Stolz konnte er seinen Berliner Freunden nun verkünden: \`Die Reform der Kirche, welche Ihr erstrebt, wir haben sie erreicht! Unsere Gemeinden regieren und bestimmen sich selbst, sie haben das urverkümmerte Recht der freien Pfarr-Wahl und kein Zwang eines überlebten Dogmas, eines todten Buchstabens hindert uns Prediger bei der Verkündung des reinen und ursprünglichen Evangeliums.´"[279] „Im Wege zunehmender Verselbständigung der Naturwissenschaften, d.h. ihrer Ausgliederung aus der Philosophie (welche ihrerseits die Rolle als \`Magd der Theologie´ abzustreifen trachtete) hatte sich im Vormärz eine wachsende Kluft zwischen christlich-biblisch geprägter Natur- und

[277] Abresch, Enfant terrible, 23.
[278] Schramm, Erneuerung, I.
[279] Abresch, Enfant terrible, 23f.

Geschichtsbetrachtung einerseits und säkularer Weltanschauung geöffnet."[280] „Leider haben die Freunde der Freiheit weniger zähen Zusammenhalt und Eifer um die Sache als ihre Feinde. Der Verein gedieh nicht recht. Kalthoff musste kümmerlich mit literarischen Arbeiten sich durchhelfen."[281]

[280] Abresch, Freunde, 51.
[281] Knellwolf, Kalthoff, der Prophet der Zukunft-Religion, 1908, 3.

### c) Linksliberale Schriften

#### i. Protestantenblatt

„Neben seiner Rednertätigkeit, auch im Bürgersaal des Rathauses, im Handwerkerverein und an vielen anderen Orten, veröffentlichte Albert Kalthoff zahlreiche Beiträge im `Protestantenblatt´, der Zeitschrift des Reform-Vereins, ferner u. a. auch in der `Gartenlaube´."[282]

[282] Abresch, Enfant terrible, 24.

ii. Die Gartenlaube

„Der Reformverein (Jahresbeitrag 6 Mark) jedoch entwickelte sich nicht recht, und Kalthoff brauchte Nebeneinnahmen. Deshalb schrieb er für liberale Zeitschriften, `besonders für die ``Gartenlaube´´, die damals noch eine freiheitliche Mission erfüllte´."[283]

[283] Horst Kalthoff, Jugend, 12.

### iii. Kampfschrift gegen den Antisemitismus

„Im gleichen Jahr veröffentlichte Kalthoff eine Kampfschrift gegen den wachsenden Antisemitismus, der nach der judenfeindlichen Kampagne des Hofpredigers Stoecker und des Historikers Treitschke besonders in Berlin grassierte und 1881 zu Ausschreitungen gegen jüdische Bürger in mehreren deutschen Städten führte. Politisch ging diese Hetzkampagne Hand in Hand mit Bismarcks Versuch, nach Ausschaltung der Sozialisten (1878) nun auch die (Links-)Liberalen zu knebeln."[284]

[284] Abresch, Enfant terrible, 24.

## d) Freidenkertum

### i. Verein für Feuerbestattung

„... Er betätigte sich als Wanderredner für den `Verein für Feuerbestattung´, der seinerzeit so etwas wie eine Speerspitze der Freidenkerbewegung war.“[285] „Er hielt Vorträge für den Verein zur Feuerbestattung – die Feuerbestattung wurde ab 1873 als Mittel gegen drohende Verschmutzung des Grundwassers und gegen Infektionskrankheiten propagiert.“[286] „Glaubenssätze wie z.B. die ganz materialistisch verstandene `leibliche Auferstehung allen Fleisches am jüngsten Tage´ wurden von den Liberalen ... [abgelehnt]. Speziell in diesem als Beispiel genannten Punkt demonstrierten die Liberalen ihre Haltung ganz praktisch durch ihr leidenschaftliches Eintreten für die Feuerbestattung. Zur Durchsetzung dieses Interesses war ein eigener Verein gebildet worden, der in verschiedenen Städten Krematorien und Urnenstätten errichtete ... .“[287]

---

[285] Abresch, Enfant terrible, 24.
[286] Horst Kalthoff, Jugend, 12f.
[287] Abresch, Freunde, 52.

ii. Linksliberale Deutsche Fortschrittspartei

„Er sprach auf Versammlungen der linksliberalen Deutschen Fortschrittspartei (DFP), für die er bei den Reichstagswahlen 1881 im Rheinland erfolglos kandidierte.[288]"[289] „Ausgerechnet in dieser Zeit, als die liberale Fraktion nahezu niedergerungen war und ihr Führer, Eduard Lasker, das Handtuch geworfen hatte, wurde der Berliner Wanderprediger Albert Kalthoff von der Fortschrittspartei als Reichstagskandidat für die Wahlen 1881 aufgestellt. Zwar errang diese Partei damals unter dem entschiedenen Oppositionspolitiker Eugen Richter einen beachtlichen 12,8%-Erfolg mit 60 Sitzen, doch erhielt Kalthoff keines der Mandate. Er blieb dieser linksliberalen Parteirichtung, die ständig ihre Formation wechselte (z. B. als `Freisinnige Partei´ oder `Freisinnige Vereinigung´) und zeitweise mit der Sozialdemokratie sympathisierte 25 auch später treu, ohne jedoch ein politisches Amt zu übernehmen."[290]

[288] Wesseling, K.G., 1992, in: Horst Kalthoff, Jugend, 250.
[289] Horst Kalthoff, Jugend, 13.
[290] Abresch, Enfant terrible, 24.

## E) Das Christusproblem

### a) Der „historische Jesus“

„Kalthoffs damalige Vorträge erschienen in zwei eigenen Reihen: `Reden und Vorträge, gehalten im Protestantischen Reform-Verein zu Berlin´ und `Schriften des protestantischen Reform-Vereins zu Berlin´. Aus den Predigten im Reform-Verein entstand auch sein erstes `Leben-Jesu´-Buch, das 1880 erschien und weitgehend der liberalen Auffassung verpflichtet war.“[291] „Seit Jahren schon hält das Thema `Der historische Jesus´ einen festen Platz in den Neuerscheinungskatalogen der Verlage, so daß man geradezu von einem neuen `Boom´ der Leben-Jesu-Literatur sprechen kann. Grund genug, an einen Wuppertaler Theologen zu erinnern, der vor hundert Jahren von Bremen aus die Debatte um den historischen Jesus nicht nur in breitere Bevölkerungskreise zu bringen suchte, sondern auch durch höchst erstaunliche, eigene Thesen mächtig anheizte. Albert Kalthoff aus Barmen war ein Pfarrer, der - so unglaublich das klingen mag, und noch dazu mitten im tiefsten Wilhelminismus - für Demokratie und Freiheit kämpfte!“[292] „Galt bis und für Hegel der Gang der Weltgeschichte noch als Erweis göttlicher Vernunft (Theodizee), so konnten die Junghegelianer, allen voran der Tübinger Philosoph und Theologe David Friedrich Strauß (1808-1874), eine solche Ausnahmestellung der Geschichte (und der Politik, man denke etwa nur an die deutschen Monarchen `von Gottes Gnaden´) gegenüber anderen Wissenschaften nicht länger akzeptieren. Strauß versuchte, insbesondere aus der Evangeliensynopse einen `historischen´ Jesus herauszupräparieren und von dem `Christus der Kirche´ zu unterscheiden, dessen mythische Attribute nicht - im Sinne

[291] Abresch, Enfant terrible, 24.
[292] Abresch, Enfant terrible, 18.

eines buchstabengetreuen, vernunftwidrigen Bibelglaubens - einer konkreten geschichtlichen Person zugeschrieben werden dürften. Strauß gehört also zu den ersten moderneren `Leben-Jesu´-Forschem, aus deren Ansätzen sich später die historisch-philologische Bibelkritik entwickelte (z. B. R. Bultmann).“[293] „Sein [David Friedrich Strauß´] zweibändiges Hauptwerk `Das Leben Jesu, kritisch betrachtet´ erschien 1835, vier Jahre nach Hegels Tod, und weitere vier Jahre später fiel es dem jungen Friedrich Engels in die Hände.“[294] „Der Grundgedanke dieses Werkes (Die Jesus-Darstellungen der Bibel sind nicht als historische Berichte zu verstehen, sondern als `Christusmythen´, d. h. als zeitgenössischer Ausdruck einer grundlegenden und nach wie vor verbindlichen Christlichen Idee, die in andere Epochen jeweils zeitgemäß übersetzt werden muß, durch vernunftwidrigen `Buchstabenglauben´ hingegen zur Karikatur entstellt und verschüttet würde) versetzte Engels in wahre Begeisterung, wie aus seinen Briefen an seine Wuppertaler Freunde, die nachmaligen Pastoren Gräber hervorgeht. Da diese bibelkritische Auffassung zur Ablehnung des apostolischen Glaubensbekenntnisses führte, waren die Junghegelianer insofern für Kanzelämter in Kirche und Universität nicht tragbar, so lange es in Deutschland Monarchen gab. Erstes Opfer dieser Doktrin war Strauß selbst, dessen akademische Karriere mit dem Erscheinen seines Buches beendet war, und Albert Schweitzer ist das populärste, aber noch lange nicht letzte Opfer gewesen.“[295] „Auch die gegenwärtig boomende Jesus-Literatur zeichnet sich durch etwas aus, was Ernst Bloch in seiner Strauß-Kritik (`Prinzip Hoffnung´) spöttisch als biedermeierlichen `Plüsch-Liberalismus´ deklassierte: Jesus als Heilpraktiker, Psychotherapeut, Feminist, Pazifist, Müsli-Man (absolute

---

[293] Abresch, Enfant terrible, 19.
[294] Abresch, Enfant terrible, 19.21.
[295] Abresch, Enfant terrible, 21.

Rohkorn-Frische durch Ährenraufen selbst am Sabbath) etc. Kalthoffs Kommentar zu solchen Unterfangen: `Sie wollen die Religion Jesu ausfindig machen und in ihr die Heilung aller Krankheiten der Zeit entdecken. Sie sind bemüht, aus der Religion Jesu eine auch dem modernen Gaumen schmackhafte Speise herzustellen und nennen ihr nach eigenem Rezepte gebrautes Ragout dann das ursprüngliche Christentum.´ (Zarathustra-Predigten, 1904).“[296] „David Friedrich Strauß, deutscher evangelischer Theologe, 1808-74; Freigeist der Hegelschen Linken; sein wissenschaftlich unhaltbares Hauptwerk Leben Jesu nennt das Evangelium einen Mythos.“[297]

---

[296] Abresch, Enfant terrible, 31.
[297] Großes Universallexikon, 1486.

b) Imitatio Christi

„Ähnlich wie Luther sah er die kirchliche Glaubenslehre mit allerlei `Christusmythen´ überfrachtet, welche den Weg für eine eigentliche `Nachfolge Jesu´ versperren. `Nachfolge´ bedeute nicht Hinterherrennen hinter einem vorgegaukelten - womöglich gar politisch instrumentalisierten - Gottesbild, sondern selbstverantwortlich den eigenen Lebensweg zu gehen, im Sinne Jesu. Erst wenn der natürliche Mensch Jesus wieder ins Zentrum rückt, kann er als Vorbild dienen; ein göttlicher Christus aber wird eher als stellvertretender Erfüller derjenigen Ideale `mißbraucht´, die man nur in Sonntagsreden schätzt und für die man sich ansonsten, als ohnehin schwacher Sünder, gar nicht erst die Pantoffeln ausziehen würde. Für Kalthoff war also die Frage nach dem historischen Jesus engstens verbunden mit der Suche nach einem real gelebten, zum Nacheifern auch in heutiger Zeit motivierenden Vorbild christlichen Glaubens."[298] „Gelegentlich trat er aber weiterhin in Berlin auf, wo er z. B. am 16.10.1887 im Reform-Verein über `Die Gesinnung Jesu´ predigte. In dieser Rede (zu Philipper 2;5: `Ein jeglicher sei gesinnet, wie Jesus Christus auch war´) stellte Kalthoff den reifer und weise gewordenen Paulus jenem feuerköpfigen Schriftgelehrten gegenüber, welcher `einst sich und seine Leser mit allerlei spitzfindigen Fragen gequält´ und andere frühchristliche Prediger eifersüchtig als Eindringlinge in sein Missionsrevier empfunden habe (`So jemand Euch ein anderes Evangelium verkündigt, als ich es verkündigt habe, der sei verflucht!´ Galater 1:9 - bis heute ein Lieblingsspruch der Fundamentalisten). Im späteren Philipperbrief aber sei Paulus auf seiner letzten Entwicklungsstufe angekommen und - alles orthodoxe Eifern und Rivalisieren hinter sich lassend - zum eigentlichen Kern des

[298] Abresch, Enfant terrible, 23.

Christentums vorgedrungen, nämlich: Nachfolge Jesu."[299] „Abgesehen von dem interessanten Kontrast zur oben erwähnten Bremer Krummacher-Predigt von 1840 erscheint diese Rede auch insofern bemerkenswert, als sie bereits Kalthoffs Überwindung der liberalen Theologie erkennen läßt. Der `historische´ Jesus, dem es nachzufolgen gilt, tritt gegenüber der `Jesus-Gesinnung´ schon stark in den Hintergrund; in den folgenden Jahren wird Kalthoff ihm vollends den Abschied geben. Anders als in Kalthoffs späteren Predigten ist auch das kämpferische Moment noch sehr deutlich ausgeprägt, als anti-autoritärer, wenn nicht gar revolutionärer Aspekt: Wer so wie Jesus die Wahrheit liebt, `dem ist keine Lüge zu gleißend, ... daß er nicht wagte, ihr die Maske vom Gesicht zu reißen, dem ist kein Unrecht zu alt, zu mächtig, zu eingewurzelt, als daß er nicht muthig die Hand anlegte, es auszurotten, dem ist keine Wunde am Leibe der Menschheit zu tief, daß er nicht heranträte mit Oel und Wein, sie zu verbinden.´"[300] „Je älter er wurde, desto stärker wurde auch seine Ungeduld mit jenen, die sich in der Frage des historischen Jesus `festgebissen´ und im Streit um dieses `periphere Gelehrtenproblem´ die Gesinnung Jesu aus den Augen verloren hatten."[301]

[299] Abresch, Enfant terrible, 24.
[300] Abresch, Enfant terrible, 24.
[301] Abresch, Enfant terrible, 30.

c) Christusproblem

„1902 und 1904 erschienen Kalthoffs theoretische Hauptwerke `Das Christus-Problem. Grundlinien zu einer Sozialtheologie´ und `Die Entstehung des Christentums - Neue Beiträge zum Christusproblem´, begleitet von Predigt- und Vortragssammlungen wie `Religiöse Weltanschauung´, `Zarathustra-Predigten´ und `Die Religion der Modernen´, sowie einer Vielzahl kleinerer Schriften und Aufsätze apologetischer oder praktischer Art."[302] „Das zentrale Werk `Christus-Problem´ ist ein schmales Bändchen von 90 Seiten, das obendrein sein Titel-Versprechen erst auf den letzten 10 Seiten und in denkbar bescheidener Form, als äußerst knappe Skizze, einlöst. Die vorangehenden fünf Kapitel enthalten in dichtgedrängter Argumentation eine rigorose, oft polemische `Abrechnung´ mit der liberalen Theologie, in welcher Kalthoff die Leben-Jesu-Forschung als wissenschaftlichen Irrweg und religiöse Torheit darstellt. Deren Kardinalfehler sieht er letztlich in der individualistischen Geschichtsauffassung begründet, weiche auch Religion lediglich als eine psychologische Erscheinung des einzelnen Menschen zu betrachten gestatte. Christentum aber ist kein individuelles, sondern ein gesellschaftliches Phänomen, seine Entwicklung ist durch soziale Faktoren bestimmt und wirkt auf das soziale Leben zurück."[303] „In der Antike war es üblich und z. B. einem Plutarch selbstverständlich gewesen, in Macht und Herrlichkeit etwa eines erfolgreichen Staatsgebildes den Beweis dafür zu erblicken, daß dieses Unternehmen durch göttlichen Willen auf den Weg gebracht worden ist (Mythologisierung). Daraus folgte unmittelbar, daß es für Erhalt und weiteres Gedeihen entscheidend darauf ankomme, daß die verantwortlichen Manager ihr Schiff stets im Fahrwasser jener

[302] Abresch, Enfant terrible, 34.
[303] Abresch, Enfant terrible, 34.

treibenden Kraft hielten, also die Gründer-Gottheit in Ehren hielten und nicht durch Abdriften vom Kurs deren Unmut erregten - eine ja auch im Alten Testament anzutreffende Unternehmens-Philosophie. Bei Kalthoff finden wir nun eine ganz ähnliche Argumentationsfigur: Die Nutzung der damals entscheidenden Wachstums-Impulse muß auch für die Gegenwart und Zukunft des Christentums erfolgversprechend sein. Um die Faktoren und Bedingungen, welche für den Durchbruch des Christentums damals verantwortlich waren, zu erkennen, muß man allerdings hinter den Gründungsmythos zurück, mit dem die Kirche damals zeitgemäß - ihre tatsächlichen Wurzeln schon früh \`eingekleistert´ hat (durch Errichtung von Kapellen über \`heiligen Orten´ ebenso wie durch Redaktion und Selektion der frühen Schriften).“[304] „Auch heute noch glaubt ein jeder Christ mehr oder weniger implizit, daß es Gottes Werk, seine lenkende Hand gewesen ist, die eine kleine, zusammengewürfelte und wieder versprengte Jüngerschar zu jener mächtigen, Jahrtausende überdauernden Kirche werden ließ. Für eine wissenschaftliche Analyse historischer Prozesse gibt eine solche Argumentation natürlich nichts her; es gilt vielmehr zu klären, welcher Mittel und Wege sich Gott dabei im einzelnen - und innerhalb seiner historischen Gesetzmäßigkeiten - denn bedient hat. In bewußtem Kontrast zur herkömmlichen \`individualistischen Geschichtsauffassung´ als Aneinanderreihung \`privater Einfälle genialer Persönlichkeiten´ versucht Kalthoff, die Entstehung des Christentums unter kultur- und sozialhistorischem Aspekt als \`organischen Entwicklungsgang´ zu beschreiben, dessen Produkt sich bildete aus dem Zusammenfluß von drei Hauptströmungen: Griechische Philosophie, jüdischer Messianismus, römische Wirtschafts- und Sozialpolitik. Anders als die Hegel-Schüler betrachtet er dieses \`Produkt´ jedoch nicht als

---

[304] Abresch, Enfant terrible, 34f.

theologisches Phänomen, sondern - zugespitzt formuliert - als Gesellschaftsform (Gemeinde). Ausführlich und detailliert verfolgt Kalthoff diese drei Wurzeln anhand der zur Jahrhundertwende hierzu reichhaltig vorliegenden Literatur (z. B. Max Weber, Lujo Brentano, Otto Lüders) sowie der antiken Quellentexte. Er spürt ideengeschichtlichen Verknüpfungen der griechischen und jüdischen Philosophie einerseits, der römischen und jüdischen Wirtschafts- und Rechtsordnungen andererseits nach und fragt nach deren soziologischen Erscheinungsformen, also ob und wie das neue Denken sich in gesellschaftlichen Strukturen niederschlug und sich der soziale Wandel in der geistesgeschichtlichen Entwicklung widerspiegelte."[305] „Als soziodynamische Vermittlungsglieder und Kristallisationspunkte im vor- und urchristlichen Entwicklungsprozeß erkennt Kalthoff verschiedene Vereine (öffentlichen Rechts), die er als `kommunistische Klubs´ bezeichnet. Gemeint sind religiöse Verbindungen oder Logen, international und klassenübergreifend angelegte Kult- und Konsumgenossenschaften verschiedenster Art (z. B. thiasische oder eranische Assoziationen), die sich von Kleinasien aus auch nach Rom verbreiteten und in ihren Sozialordnungen eine Fülle jener Merkmale hatten, wie sie in den neutestamentlichen `Jesus-Worten´ anklingen. Ähnlich auch die Bedeutung der jüdischen Synagogen als `Organisation merkantilen Kapitals´ und zugleich reichsweite, auf Jerusalem zentrierte Unterstützungsgenossenschaften."[306] „Indem Kalthoff historisch-kritisch versucht, die neutestamentlichen Schriftteile und Versatzstücke einigermaßen chronologisch zu sortieren, und diese Partikel in die antike Sozialgeschichte quasi hineinzupuzzeln, erkennt er größere und kurzlebigere Trends der sozio-ökonomischen Entwicklung des Urchristentums, die zu verfolgen ungemein spannend ist. Innerhalb

[305] Abresch, Enfant terrible, 35.
[306] Abresch, Enfant terrible, 35.

verschiedener urchristlicher Bruderschaften erhielt jeder, `wes er bedurfte´, und der dort gebrauchte Begriff des `Armen´, so Kalthoff, sei keineswegs zu vergleichen mit dem gegenwärtigen Pauperismus, sondern bezeichne lediglich den Besitzlosen. In bewußter Abkehr vom römischen Besitzrecht hätten sich innerhalb solcher Genossenschaften ein neuartiges Arbeitsrecht (mit entsprechendem `Arbeitswert´) und eine eigene Gerichtsbarkeit entwickelt - um nur einige der von Kalthoff herausgearbeiteten Aspekte zu benennen.“ [307] „Die urchristlichen Gemeinden waren im Kein ihres Wesens ein extrem progressives Fortschritts-Konsortium, welches nahezu alle vorwärtstreibenden Kräfte im Mittelmeerraum einzubinden wußte, und seien sie noch so widersprüchlich gewesen: Die in riesigen Sklavenmassen und unterjochten Völkern gärenden Auflehnungspotentiale ebenso wie apokalyptische Heilserwartungen, Einheitsstreben der Vernunft, Gesetzestreue und Überwindung der Gesetzesmoral, und vieles andere mehr. Der Zusammenfluß der kulturellen Hauptströme findet seinen Niederschlag in der dreieinigen Gottheit, deren einer Teil nach Palästina blickt, der andere nach Griechenland und der dritte nach Rom.“[308] „Im Christus der Evangelien nun sieht Kalthoff die Personifizierung des urchristlichen Gemeinschaftsbewußtseins, der Gesamtheit seiner religiös-sozialen Lebensmächte, und dieses Bewußtsein kann insofern, ebenso wie seine Chiffre (Christus), nur soziologisch verstanden werden. Von sozialtheologischer Bedeutung ist aber nicht der konkrete historische Inhalt jenes Bewußtseins, sondern seine ideale Form: Die Bündelung, Ethisierung und Humanisierung der treibenden sozialen Kräfte. Dies für die Gegenwart neu zu leisten, darin sieht Kalthoff die Aufgabe der Religion mit ihrer Hoffnung und Zuversicht auf die

---

[307] Abresch, Enfant terrible, 35.
[308] Abresch, Enfant terrible, 35f.

Wiederkunft Christi.“[309] „1902 erschien sein Buch `Christusproblem – Grundlinien zu einer Sozialtheologie´, das ein Jahrzehnt nach seiner politischen Wandlung eine religiöse Wende offenbarte.“[310] „Jetzt verließ er die geschichtlich-menschliche Betrachtung Jesu. Er sah Jesus nicht mehr als historische Gestalt, sondern als Verkörperung der sozialen und ethischen Ideen der augustinischen Zeit. Das Christentum, genauer die Kirche, erschien ihm nicht mehr als Stiftung eines Einzelnen. Die Kirche sei vielmehr aus den Kräften vieler zukunftsorientierter, sozial motivierter, schöpferischer Persönlichkeiten entstanden. Weil das Neue Testament die einzelnen Personen nicht mehr erkennen lasse, sei es keine direkte Geschichtsquelle. Die Christusgestalt der Evangelien bildete sich nach seiner Meinung aus einem Christusmythos, in dem sich die Messiaserwartung mit der griechischen Mysterienreligion mischte. Der sittlich-religiöse Glauben an eine Gemeinde verlieh diesem Christusmythos scheinbar persönliche Züge, die die Kirche `nach ihrem Kanon´ redigierte.“[311] „Die Martini-Gemeinde stand fest zu Großvater Kalthoff, nachdem er ihr das `Christusproblem´ in einem Predigtzyklus erläutert hatte.“[312] „Als ein unerhörtes Wagnis stellt Steudel es hin, daß ich behauptet habe, die Einreihung der Evangelienliteratur in die jüdische apokalyptische Literatur wie Kalthoff sie vornehme sei deshalb unmöglich, weil ein solches Verfahren, wie es danach in den Evangelien vorläge, inder gesamten spätjüdischen Literatur beispiellos wäre.“[313] „Den Gegnern des Monismus aus der Theologie könnte man entgegenhalten, daß gerade sie, die Theologen es sind, welche die Religion zerstören. Von dem ursprünglichen Christusglauben haben die Theologen nicht viel übrig gelassen. Strauß, Schleiermacher, Renan,

---

[309] Abresch, Enfant terrible, 36.
[310] Horst Kalthoff, Jugend, 14.
[311] Horst Kalthoff, Jugend, 14f.
[312] Horst Kalthoff, Jugend, 15.
[313] Bousset, Antwort auf Steudel, 1904, 17f.

Harnack haben die Lehre vom Christentum so verfeinert, daß von dem alten nicht viel übrig geblieben ist, und die neue Lehre nähert sich dem Monismus. Kalthoff sogar hält alle Überlieferung über Christus für Mythe. Überdies hat es schon vor Christus Männer gegeben, die von dem ersten Altruismus, wie er den Kern der christlichen Lehre bildet, erfüllt waren."[314] „Weil Ks. Interesse ein wissenschaftliches ist, der Ethik, der Geschichtsphilosophie und der Religionsphilosophie zugewandt, aber nimmermehr der Religion selbst, deshalb hat ihn die Idee seines Christusproblems so fascinieren können. Eine glänzende wissenschaftliche Hypothese ist das, die seinen Scharfsinn reizen mußte, die aber religiös unfruchtbar bleibt. Sollte sie je bewiesen werden können, so wäre das der ärgste Stoß, den die christliche Religion als solche vielleicht erleiden könnte, wenn nicht ihr Todesstoß."[315] „Ich soll nämlich verschwiegen haben, daß O. Pfleiderer die Kalthoffsche Leugnung eines geschichtlichen Jesus entschieden ablehnt, während doch auf Spalte drei meines ersten Artikels deutlich Pfleiderers Worte zu lesen stehen: `So wenig ich auch mit seinem (Kalthoffs) Ergebnis einverstanden sein kann.´"[316] „Zu den Gesetzen und Rechten, die sich wie eine ewige Krankheit forterben, gehören sicher die von den modernen Kulturstaaten noch immer aufrechterhaltenen Strafbestimmungen über Majestätsbeleidigungen und Gotteslästerung. Beide haben eine gemeinsame Wurzel und stammen aus einer Zeit, wo die Metaphysik die Grundlage des menschlichen Gemeinschaftslebens bildete. Damals erschienen bestimmte Personen, Vorstellungen, Gegenstände oder Handlungen als Träger eines transzendenten Begriffs. Dieser Begriff wurde dann durch das Gesetz mit seinem Träger verbunden, und um dieses Begriffes willen wurde seinem Träger eine

---

314 Vossische Zeitung, 20.4.1909, 1.
315 Francke, Albert Kalthoff, 1906, 491.
316 Steudel, Zu Boussets Replik, 1904, 2.

Ausnahmestellung in der gesamten Sphäre des gesellschaftlichen Rechts zuerkannt."[317] „Wenn es niemand gegeben hätte, der dem religiösen Gefühl seiner Zeitgenossen Aergernis zu bereiten gewagt hätte, so würde es niemals ein Christentum gegeben haben. Es wirkt deshalb wie eine Satyre, wenn moderne Staaten des Christentums willen die Gotteslästerung strafen zu müssen glauben, wo das Christentum selbst in seinem Symbol des Kreuzes die Geschichte ungezählter Religionsprozesse verewigt, bei denen der Richterspruch stets gelautet: er hat Gott gelästert, ihr habt seine Gotteslästerung gehört, er ist des Todes schuldig."[318] „Was wäre aus der Religion geworden, wenn es keine Gotteslästerung gegeben hätte! Jede Verneinung eines überlebten, unheilig gewordenen Gottesnamens, jeder Atheismus erscheint ja den Gläubigen des alten Glaubens als eine Lästerung."[319] „Gewiss wird jeder fromme Mensch, der den Beruf in sich fühlt, die Welt von einem toten Gott zu befreien, um Raum zu schaffen für ein neues werdendes religiöses Leben, auch die Folgen seines tuns auf sich zu nehmen bereit sein. Weder ihm noch der Religion kann das Martyrium, dem er sich aussetzt, etwas anhaben. Aber für den Staat, der seine Kulturaufgaben richtig erfasst, ist es doch eine überaus missliche und beschämende Sache, wenn er in seiner Gesetzgebung das Martyrium als ein unter Umständen unvermeidliches Geschick statuiert."[320] „So dürfte es sich auch schon heute zeigen, dass das religiöse Gefühl am besten aufgehoben ist, wenn es ganz auf sich beschränkt ist und nur der inneren Freiheit des Menschenwesens folgt. Jeder staatliche Schutz birgt auch eine staatliche Bevormundung in sich, und jedes kirchliche Privileg wird auch erkauft durch eine politische Abhängigkeit. Darum sollten die Kirchen selbst das Danaergeschenkt des Religions-

[317] Argentinisches Wochenblatt, 13.12.1905, 43.
[318] Argentinisches Wochenblatt, 13.12.1905, 43.
[319] Argentinisches Wochenblatt, 13.12.1905, 43f.
[320] Argentinisches Wochenblatt, 13.12.1905, 44.

Paragraphen zurückweisen. Die Religion könnte nur gut dabei fahren."[321] „Zunächst spreche ich dem Herrn Lizentiaten meine Bewunderung dafür aus, daß er den Lesern der `Solinger Zeitung´ eine Kritik meines Buches dargeboten, während er den Grundgedanken desselben noch gar nicht verstanden hat."[322] „Also rein philologisch kann die Frage, ob dieser Jesus Christus der Kirche ursprünglich, wie alle ähnlichen Heroennamen, die als Patrone einer religiös-sozialen Genossenschaft im römischen Reiche verehrt wurden, als religiöse Personifikation des Genossenschaftsprinzips, oder als historischen Individuum gefaßt werden muß, nicht entschieden werden."[323] „Daß an meinem Versuch, die alt-christliche Literatur, zumal auch die des neuen Testaments, als eine Quelle für die Entwickelungsgeschichte der christlichen Gesellschaftsform zu verwerten, noch sehr vieles lückenhaft, fehlerhaft ist, weiß niemand besser als ich selber, und es wird noch vieler Arbeit bedürfen, um im Einzelnen hier sichere Ergebnisse zu gewinnen."[324] „Aber die Hauptsache, die Eingliederung des Christentums in den gesamten Prozeß der sozialen Evolution, wird davon nicht berührt."[325] „Die Vorgeschichte des Christentums sei auch bereits ein wesentlicher Bestandteil des Christentums."[326] „Auf Herrn Pastor Kalthoffs Berichtigung zu meinem Vortrag erwidere ich, daß es mir natürlich bekannt ist, daß Herr K. mit der sogenannten holländischen Schule die Berichte der Apostelgeschichte über den Apostel Paulus im großen und ganzen stehen läßt."[327] „...denn Bremen hat ja auch noch seinen Dr. Kalthoff, den Primarius an St. Martini, der nicht nur Jesu Existenz und die Abfassung irgend eines Briefes durch Paulus leugnet, sondern auch

321 Argentinisches Wochenblatt, 13.12.1905, 44.
322 Kalthoff, Weinel und das Christusproblem, 1904.
323 Kalthoff, Weinel und das Christusproblem, 1904.
324 Kalthoff, Weinel und das Christusproblem, 1904.
325 Kalthoff, Weinel und das Christusproblem, 1904.
326 Bremer Nachrichten, 29.12.1903.
327 Bousset, Erklärung, 1904.

geneigt ist, die Existenz dieses Apostels in Abrede zu stellen. Hier wäre ein Entrüstungssturm aller Evangelischen in der Tat noch nötiger als bei der Aufhebung des § 2 vom Jesuitengesetz, die gegenüber jener Schmach für unsere Kirche nahezu als Lappalie erscheint."[328] „... Pastor Kalthoff – Bremen schrieb: Christus sei eine erdichtete Person."[329] „Alle Bemühungen der Orthodoxie beider Konfessionen, die Existenz Christi nachzuweisen, sind erfolglos geblieben."[330] „Ähnlich wie Kalthoff legt auch er [Karl Vollers] auf die geschichtliche Persönlichkeit von Jesus geringen Wert, und von wirklich entscheidender Bedeutung für die Entwicklung des Christentums war nach ihm der Mythos."[331] „Der Kampf des Christentums gegen das Heidentum war im zweiten Jahrhundert ein Kampf gegen die Religion des Kaiser-Heilands."[332] „Pastor Kalthoff – er soll eine Autorität des Christusproblems sein – geht noch weiter. Nach ihm ist Christus nur eine sagenhafte Idealgestalt. Aber Kalthoff geht – wie der Redner zugibt, nicht einen Schritt weiter. Er macht einen Sprung. Denn nach allem Material und nach aller Forschung muß man das vorsichtiger so sagen: Jesus war mit einer bis an Gewißheit grenzenden Wahrscheinlichkeit jedenfalls doch eine geschichtliche Persönlichkeit."[333] „Wir wollen es Kalthoff zu Dank rechnen, daß er uns diese prinzipielle Frage mit auf den Weg gegeben hat."[334] „Als Kalthoffs `Christusproblem´ herauskam, wurde es von den Akademikern einstimmig abgelehnt. Bruno Bauers irrige Behauptung, so hieß es, wird durch ihre Wiederholung nicht zur Wahrheit; Jesus von Nazaret läßt sich nicht aus der Geschichte streichen. Dennoch ist wohl mancher, der den Fragen unvoreingenommen gegenüberstand, stutzig geworden, als er sah, wie

[328] Hamburger Kirchenblatt, 14.7.1904.
[329] Kleine Presse, 8.1.1908.
[330] Kleine Presse, 8.1.1908.
[331] Harl, „Die Weltreligionen", 1908.
[332] Harnack, Als die Zeit erfüllet war, 1899, 1202.
[333] General-Anzeiger für Frankfurt a.M., 8.1.1908.
[334] Bremer Nachrichten, 8.1.1904.

kläglich schwach die Gründe waren, mit denen beispielsweise der Göttinger Professor Bousset die Kalthoffsche These abzufertigen suchte."[335] „Nicht lange darauf erschien Albert Schweitzers glänzend geschriebene Übersicht über die Geschichte der Leben-Jesu-Forschung: `Von Reimarus bis Wrede´. Nicht daß Schweitzer unbedingt auf Kalthoffs Seite getreten wäre. Aber er zeigt ein Doppeltes: Erstlich. Die Versuche, eine Jesus-Biographie zu schreiben, sind endgültig gescheitert. Zweitens. Wenn Jesus eine geschichtliche Persönlichkeit gewesen ist, so war er sicherlich alles andere eher als der Jesus der liberalen Theologen."[336] „Theoretisch ist dies Resultat um eine Linie weniger radikal als das Kalthoffsche. Für die kirchliche Praxis ist es nicht minder vernichtend. Die `Lehre Jesu´ kennen wir nicht – nur Anschauungen und Stimmungen des Urchristentums."[337] „Lucian von Antiochia beschreibt und die Adonisfeier in seiner Stadt: alljährlich um Ostern erschallt die Klage, daß `der Herr´ eines gewaltsamen Todes gestorben sei. Frauen beweinen ihn und tragen sein Bild zu Grabe. Am dritten Tage verwandelt sich die Trauer in ein Jubelgeschrei – der Herr ist wieder auferstanden! Über ganz Syrien und Palästina hatte der Adonisglaube seine Lokalheiligtümer. Aufs engste verwandt mit ihm sind der phrygische Attis- und der ägyptische Osiriskult. Neben Antiochia, dem Orte, wo nachweislich zuerst der Name der Christianer für die Anhänger des neuen und doch so alten Glaubens aufkam, war eines der Hauptheiligtümer Aphaka. Nur wenig südlich davon liegt Galiläa – nach den Evangelien das Ursprungsland der Jesuslehre!"[338] „Im Protestantenverein wird laut Anzeige Herr Prof. D. Bousset – Göttingen am Mittwoch, 6. Januar, den längst gewünschten Vortrag über das

---

[335] Lipsius, Das gestörte Hochzeitsfest, 1906, 1609.
[336] Lipsius, Das gestörte Hochzeitsfest, 1906, 1609.
[337] Lipsius, Das gestörte Hochzeitsfest, 1906, 1609f.
[338] Lipsius, Das gestörte Hochzeitsfest, 1906, 1611.

Thema `Was wissen wir von Jesu´ halten."[339] „Denn er [Bousset] ist wie wenig andere geeignet, in den Fragen über das Christusproblem, welche durch Dr. Kalthoff jüngst aufgeworfen sind, ein klärendes Wort zu sprechen ... ."[340] „Man muß doch wohl auch vertrauen, daß Pastor Kalthoff sich nach seiner subjektiven Ueberzeugung von den Grundwahrheiten des Evangeliums nicht entfernt hat, sonst würde er selbst das Band, das ihn mit der evangelischen Kirche eint, lösen. Das Maß des religiösen Innenlebens, das doch schließlich allein entscheidend ist für die mehr oder weniger segensreiche Wirksamkeit im geistlichen Amte, läßt sich bekanntlich nach dem dogmatischen oder historischen Standpunkt durchaus nicht beurteilen; und sogar das, was Schleiermacher die religiöse Virtuosität nennt, verträgt sich oft mit einem erstaunlich kühnen Radikalismus."[341] „Das evangelische Kirchentum ist stark genug, eine Kirchengemeinschaft als vollgültiges Glied ihres Organismus anzuerkennen, die gelegentlich einmal einen Theologen auf der Kanzel duldet, der in der Bibelkritik den alten David Friedrich Strauß übertrumpft. `Gelegentlich´- denn es ist doch in der Tat nicht zu besorgen, daß Kalthoff nun etwa Schule mache, und daß an St. Martini zu Bremen künftig nur noch Pastoren gewählt werden, die in Jesus von Nazareth das Produkt frommer Mythenbildung erblicken."[342] „Der Bremer Pastor Kalthoff gehe noch weiter und behaupte, daß die Ideen und Lehren des Christentums Produkte der damaligen Zeitrichtung seien und daß Christus überhaupt nicht gelebt habe, sondern nur eine von jener Zeit geschaffene Idealfigur sei, die im besondern zu erklären sei aus den socialen Bestrebungen des im altrömischen Reiche bestehenden Sklaventums. Die moderne Theologie komme so immer mehr in Verlegenheit, wenn sie für ihren historischen Jesus immer noch an der

[339] Bremer Nachrichten, 5.1.1904.
[340] Bremer Nachrichten, 3.1.1904.
[341] Werckshagen, Bremisches Kirchentum, 1905.
[342] Werckshagen, Bremisches Kirchentum, 1905.

alten Vorstellung eines bahnbrechenden Genies und Religionsstifters festhalten wolle."[343] „Die Schrift sucht die durch Kalthoffs Namen bekannnt und zum teil populär gewordene Theorie zu begründen, daß Jesus überhaupt gar nicht existiert habe, sondern eine erdichtete Person sei, auf die eine auf römischem Boden entstandene religiöse Sekte ihre Ideen übertragen habe. Diese Ansicht ist gewiß wissenschaftlich ernst gemeint und ernst zu nehmen."[344] „Und so könnten auch katholische Forscher einmal zu dem Punkt kommen, bei dem z.B. der ehemalige Professor des Kirchenrechtes in Tübingen Friedrich Thudichum oder der Pastor Albert Kalthoff in Bremen (+ 11. Mai 1906) angelangt ist. Wenn die Kritik schon lange das Johannes-Evangelium preisgegeben hatte, wird nun auch der Charakter der andern Evangelien als zeitgenössischer Bericht selbst von Theologen strengerer Observanz bestritten ... . ... spricht es der Pastor Albert Kalthoff (`Entstehung des Christenthums´ 1903) mit der größten Seelenruhe aus, daß Christus wohl gar nie gelebt habe, sondern nur als die Personifikation gewisser sozialer oder ethischer Ideen aufgefaßt werden dürfe, und daß es darauf, ob Christus eine historische Person sei oder nicht, überhaupt gar nicht ankomme."[345] „Man braucht nicht so weit zu gehen wie Kalthoff, der behauptet hat, Jesus habe niemals gelebt; aber das wird jetzt von der biblischen Wissenschaft allgemein als erwiesen angesehen, daß die Sprüche eines gewissen Jesus in Verbindung mit der Sage über seine Persönlichkeit nur den Kern geliefert haben, um den sich in Rom, unter Mitwirkung messianischer, griechisch-philosophischer, römisch-proletarischer und römisch-universaler Ideen die neue Religion kristallisiert und gebildet hat."[346] „Kalthoff sagt: `In Ermangelung jeder historischen Bestimmtheit ist der Name Jesus für die protestantische Theologie ein leeres Gefäß

---

[343] Barmer Zeitung, 26.8.1904.
[344] Kellermann, „Kritische Beiträge zur Entstehungsgeschichte des Christentums", 1907.
[345] Burckhard, Der neue Syllabus, 1907.
[346] Frankfurter Zeitung, 22.7.1907.

geworden, in welches jeder Theologe seinen eigenen Gedankeninhalt hineingießt.´" „Und wieder Kalthoff: `Die zahlreichen Stellen in den Evangelien, die von diesen (liberalen) Theologen beiseite geschoben ... werden, stehen literarisch genau auf einer Linie mit denjenigen Stellen, aus denen sie ihren Jesus zusammensetzen.´"[347] „`Man schaut sich´, sagt Kalthoff, `gläubig selbst in das Bild Jesu hinein, bis der galiläische Wanderprediger aus der Zeit des Kaisers Tiberius sich in einen aufgeklärten Protestantenvereinler unseres zwanzigsten Jahrhunderts verwandelt hat.´"[348] „Und Kalthoff schlägt plump darein: `Ein Gott, der geglaubt werden soll, weil die Gelehrten behaupten, daß der Sohn eines Zimmermanns in Palästina vor 2000 Jahren an ihn geglaubt – das ist ein Gott, der die Druckerschwärze nicht wert ist, die seinetwegen verbraucht wird.´"[349] „Eigentümlich berührt das Geständnis Kalthoffs, daß `das alte massive Christentum den Modernen religiös viel näher stehe als das liberale, der Gottmensch der alten Kirche viel näher, als der Zimmermannssohn des liberalen Christentums.´"[350] „Die Idee des Menschen, die uns emporzieht, ist das Erlösende, der Erlöser ist der innere `Christus´, den jede Zeit wecken und darstellen muß. Wille und Kalthoff berühren sich in diesem zentralen, religiösen Gedanken."[351] „... es gibt die [`christliche Weltanschauung´], welche erklärt, nicht Christus habe sich die Gemeinde geschaffen, sondern die Gemeinde habe sich einen Christus geschaffen. Bekanntlich war dies die `christliche Weltanschauung´ des zu früh entschlafenen Pastors und Präsidenten des Monistenbundes Kalthoff."[352] „Wenn aber schon einmal der innere Zusammenhang mit der bisherigen Religionsentwicklung gewahrt werden soll, so meint v. Schnehen, ganz in Übereinstimmung mit

[347] Koltzau, Liberal – Modern – Orthodox, 1907.
[348] Koltzau, Liberal – Modern – Orthodox, 1907.
[349] Koltzau, Liberal – Modern – Orthodox, 1907.
[350] Koltzau, Liberal – Modern – Orthodox, 1907.
[351] Hannoverscher Courier, 3.8.1907.
[352] Das freie Wort, 18.7.1907.

Kalthoff, daß es nur geschehen könne in Anknüpfung an das alte Dogma: `Gott mußte Mensch werden, damit wir vergöttlicht würden´."[353] „Alle wichtigen, seit dem ersten Erscheinen des Buches herausgegebenen Arbeiten über das Leben Jesu haben Berücksichtigung gefunden – so Frenssens Handschrift, Kalthoffs Christusproblem, Oskar Wildes Christusbild in de profundis, Rasmussen, der in Jesus einen Epileptischen sieht u.a."[354] „Auf diesen [Schwalb] folgte Kalthoff, der das bekannte Buch geschrieben hat, das beweisen sollte, daß Christus niemals eine lebende Persönlichkeit gewesen sei, und der einige Jahre vor seinem Tode an die Spitze des Häckelschen Monistenbundes trat."[355] „Wer habe nun aber das Christentum in die Welt gesetzt? Pastor Kalthoff – Bremen gebe in seinen sozialtheologischen Schriften die Erklärung ab, daß es sich hierbei in der Hauptsache um gewisse soziale Strömungen gehandelt habe. Als Ausgang des Christentums betrachte er etwa die Sklavenkriege, die Erhebung der Sklavenvölker gegen die Römer, und stellte es so als eine sozial-messianische Bewegung hin. Die Gedanken, die Jesu predigte, schlugen in den Unterdrückten Wurzeln, lebten weiter, verdichteten sich und wurden – ein Programm, die Religion."[356] „Diesem Manne [ein `äußerst gelehrter Professor´] werden wir alle dankbar sein, weil er uns bekannt machte mit Kalthoff, Wellhausen, Strauß, Baur, Wrede u.a. Der lernte uns die Bibel wissenschaftlich und literarisch als herrlichen Schatz würdigen."[357] „Aber sowenig ich auch mit seinem Ergebnis einverstanden sein kann, so unumwunden gestehe ich doch, daß ich Kalthoffs neuestes Buch für eine bedeutende Erscheinung halte, die einiges zur

[353] Steudel, Friedrich Naumann, 1907, 879.
[354] Weinel, Jesus im neunzehnten Jahrhundert, 1907.
[355] Frankfurter Zeitung, 2.10.1907.
[356] Neueste Nachrichten Dresden, 26.9.1907.
[357] Mähler, Der Kirche Handlanger, 1907.

Selbstbesinnung der Leben-Jesu-Romantiker beitragen kann..."[358] „Beide Bücher gehören zusammen. Das zweite zieht die Linien des ersten weiter und kräftiger aus. Es werden hier dieselben kritischen Maßstäbe auf die Evangelien angewandt, die man bisher nur auf die apokalyptische Literatur des alten Testaments anzuwenden wagte."[359] „Dieser Theologe hat doch einmal den Mut, den Stier bei den Hörnern zu packen und da einzusetzen, wo unsere klassische, von Lessing bis Bruno Bauer sich erstreckende Evangelienkritik aufgehört hat. Herr Kalthoff nennt Bruno Bauers Namen nirgends; möglich, daß er dessen Schriften gar nicht gelesen, sicher, daß er sie nicht ausgeschrieben hat. Er denkt vielmehr durchaus selbständig und knüpft insofern nicht an das Ende, sondern an den Anfang unserer klassischen Evangelienkritik an, als er von dem Satze ausgeht, mit dem Lessing den braven Hauptpastor Goeze in die Flucht schlug: Die Bibel ist nicht die Religion; das Christentum war, ehen Evangelien und Apostel geschrieben hatten; es verleif eine geraume Zeit, ehe der erste von ihnen schrieb, und eine sehr beträchtliche, ehe der ganze Kanon zustande kam. Der protestantische Theologe Kalthoff ist unbefangen genug, anzuerkennen, daß die katholische Kirche darin immer den richtigen Standpunkt vertreten habe und vertrete, daß sie die Kirche als das Ursprüngliche, die Bibel als das Abgeleitete betrachte. Kalthoff weist nun nach, daß und wie die christliche Kirche aus den sozialen Zuständen des römischen Reiches entstanden sei und daß die Evangelien, weit entfernt davon, die historische Entstehung des Christentums zu erzählen, vielmehr nur historische Dokumente seien, in denen sich die Entwicklungskämpfe der werdenden Kirche widerspiegeln."[360] „Im Wesen der Sache ist es dieselbe Auffassung der Evangelien, die Bruno Bauer vertreten hat, nur

[358] Pfleiderer, Was hat die Theologie des 19. Jahrhunderts gelernt?, 1904, 50.
[359] Strecker, Christusproblem / Entstehung des Christentums, 1908.
[360] Mehring, Das Christus-Problem, 1903.

daß Kalthoff weit mehr auf die sozialen Ursprünge der christlichen Kirche zurückgeht als Bruno Bauer, was ein sehr entschiedener Fortschritt ist."[361] „Nach Kalthoff ist die christliche Religion im Mittelpunkt der römischen Welt entstanden, in Rom selbst, in dessen von jüdischen Elementen stark durchsetzten Bevölkerung; von Rom aus ist die evangelische Geschichte nach Palästina projiziert worden; es ist gar nicht die Absicht der Evangelien, von einem Menschen namens Jesus, von einem Zimmermannssohn aus Nazareth zu erzählen; was sie uns schildern wollen, das ist der kanonische Christus, die personifizierte Idee der Kirche. Alles das begründet Kalthoff mit einer Fülle scharfsinniger Auseinandersetzungen ... ."[362] „Kalthoff hat sich bekanntlich mit dem \`Christusproblem´ beschäftigt und es mit weit besserem Gelingen, wie andere vor ihm, zu lösen versucht. Dieses Problem besteht darin: kann \`der Christus des Glaubens, der Legende´ vor der wissenschaftlichen Geschichtsforschung bestehen? Darauf antwortete schon David Strauß mit nein. Er schrieb \`der Jesus der Geschichte, der Wissenschaft, ist lediglich ein Problem´."[363] „Mehring findet dann aber auch an Kalthoff etwas auszusetzen, er hebt dessen Hauptfehler hervor: \`die Entstehung des Christentums zu sehr in die Arbeiterbewegung hinein´ \`projiziert´ zu haben."[364] „Bousset schickt sich an, die akademischen Theorien, auf die sich angeblich die Möglichkeit einer Rekonstruktion des Charakterbildes Jesu gründet, nun auch mit seiner Schrift in die Welt hinauszutragen (1.-5. Tausend!), nachdem das vor ihm vier in der Anmerkung S. 79 genannte angesehene Theologen in populärer Form bereits mit großem Erfolg getan haben. \`Aber – so belehrt er uns S. 18 – man hat es ja oft erlebt, daß akademische Theorien gerade in der Zeit, in des sie abgewirtschaftet haben, erst in die Masse hinausgetragen werden.´

[361] Mehring, Das Christus-Problem, 1903.
[362] Mehring, Das Christus-Problem, 1903.
[363] Bremer Bürgerzeitung, 26.11.1906.
[364] Bremer Bürgerzeitung, 26.11.1906.

Sapienti sat!"[365] „Verschiedene andere Diederichs-Kulturhistoriker wollen Europa durch eine Kultur- und Religionssynthese mit `dem Osten´ retten. Sie wollen beweisen, daß das Christentum immer schon ein synkretistisches, entscheidend von östlicher Spiritualität geprägtes Religionsgemisch gewesen ist."[366] „Wie auch immer Diederichs Religionshistoriker die religionskulturellen Mischungen beschreiben, aus denen das Christentum entstanden sei, sie entwerfen `Geschichtsbilder´, die Jesus oder Jesus Christus aus dem Zentrum an die Peripherie rücken oder in die jüdische `Vorgeschichte´ des Christentums verweise. Gegen kirchliche Ursprungsmythen setzen sie eine kulturhistorische Aufklärung, die sich bruchlos in neue Kultursynthese überführen läßt oder den Import östlicher Weisheit rechtfertigen kann. Indem sie `kritische Kulturgeschichte´ schreiben, verschaffen sich die Sinnkonstrukteure im religiösen Laboratorium der Moderne `historische´ Selbstlegitimation."[367] „Der Bremer monistische Pfarrer Albert Kalthoff, der sich ob seiner `radikale[n] Emanzipation vom theologischen Vorurteil´ feiern läßt, will durch die `ökonomische Methode´ Licht in die bisher von Theologen verdunkelte Religions- und Kirchengeschichte bringen."[368] „`In den wirtschaftlichen und Klassenkämpfen läßt uns Kalthoff die innersten treibenden Faktoren jener [...] gewaltigen kulturellen Umwälzung erkennen und lehrt uns die darin hervortretenden Persönlichkeiten aus dem Kampf zwischen absterbenden und neu sich durchsetzenden Interessengruppen verstehen´, beschreibt sein Schüler Friedrich Steudel Kalthoffs Studien zur Geschichte der Reformation, einer `der gewaltigsten Kulturrevolutionen´ der abendländischen Geschichte."[369] „Kalthoff gibt in seinen Bestsellern `Das Christusproblem.

---

[365] Steudel, Streiflicht auf die theologische Wissenschaft, 1903.
[366] Graf, 270.
[367] Graf, 271.
[368] Graf, 271.
[369] Graf, 271.

Grundlinien zu einer Sozialtheologie´ und `Die Entstehung des Christentums. Neue Beiträge zum Christusproblem´ über die Intentionen dieser kritischen Kultur- und vergleichenden Religionsgeschichtsschreibung Auskunft: `Erforschung der Religionsgeschichte besitzt nur wissenschaftlichen Wert, der erst durch eigenes religiöses Leben in religiöse Werte umgesetzt werden muß.´“[370] „Indem die kritischen Historiker die alten kirchlichen Christusmythen oder theologische Urgeschichtskonstruktionen destruieren, schaffen sie sich Projektionsflächen für neue `kulturhistorische´ Sinnkonstruktionen. Je nach der jeweils favorisierten kulturwissenschaftlichen Leitdisziplin können sie dann auch biologistische oder `rassetheoretische´ Konzepte des frühchristlichen Synkretismus entwerfen.“[371] „Christologie, Weiblich (griechisch), theologische Lehre von der Person Christi, besonders von der Hypostatischen Union.“[372]

---

370 Graf, 271.
371 Graf, 271.
372 Großes Universallexikon, 233.

d) Entstehung des Christentums

„Eingehender noch als im `Christus-Problem´ beschließt Kalthoff auch sein Buch zur Entstehung des Christentums in der ihm eigenen pastoralen Grandezza mit einem gleichermaßen kritischen wie hoffnungsfrohen Ausblick: `Die Zukunftsperspektive des Christentums´. Darin fordert und prophezeit er den Auszug der Kirche aus ihren dicken Mauern und ihre Verwandlung in eine gesamtgesellschaftliche Arbeitsgemeinschaft, in der alle zukunftsfähigen Kräfte um eine fortschreitend säkularisierte Christus-Idee gebündelt werden. Im Zusammenhang mit seiner Mahnung, im Zentrum christlichen Denkens dürfe nicht die Frage `Was war?´ stehen, sondern die größere, christlichere: `Was soll sein?´, knöpft er sich wieder und wieder die liberale Theologie vor, die den angeblich doch freien Menschen ängstlich an einen Pflock der Vergangenheit, an eine historische Autorität binden wolle. Die Menschen sollten nach liberaler Auffassung zwar eigenständige Persönlichkeiten werden, zugleich aber auch `Jesuskopien´, so daß die Verlegenheit entstehe, das historische Modell fortwährend umbasteln zu müssen. Zu der ansonsten so weitblickenden prophetischen Vision in diesem Schlußkapitel steht dies unablässige, kleinliche Eindreschen auf die Liberalen in sehr seltsamem Kontrast. Zudem entsteht beim Lesen der Eindruck, als handle es sich bei den Liberalen nicht um eine winzige Randgruppe, sondern um die vorherrschende theologische Schulmeinung. Erst nach wiederholtem Durchsehen dieses seltsamen Textes geht dem Leser zwischen den Zeilen ein Licht auf: Wo Kalthoff so penetrant Autoritätsbedürfnis und Autoritätskult geißelt, von `Jesuanismus´ und von `Kopien´ spricht, da zielt er gar nicht wirklich und zuerst auf die liberalen Theologen, sondern hat vielmehr wohl den deutschen Kaiser und dessen riesiges Heer von

Schnurrbart-Imitatoren und Kadetten im Visier!“[373] „Speziell erweckt die - nicht nur von Kalthoff - vielbeschworene Metapher von der freien Persönlichkeitsentfaltung den Verdacht, daß es sich dabei um eine hinter Goethe versteckte Chiffre für "Demokratie" handeln könne. Zeitgenössischen Lesern mag es wohl unmittelbar evident, und doch für Zensoren nicht greifbar gewesen sein: Hier plädiert ein Pfarrer für demokratische Grundrechte und stellt Überlegungen an, ob und wie christliche Kirche in einer künftigen Demokratie denkbar wäre und wie sie aussehen könne. Dabei rekurrierte Kalthoff aber weder auf seine eigenen Erfahrungen als Pfarrer in der Schweiz noch führte er Amerika als Vorbild an, sondern bezog sich wesentlich auf diejenigen Entwicklungskräfte und -gesetze, welche er in seiner Analyse des Urchristentums ausgemacht hatte, um von daher eine eigene Utopie zu entwerfen. Lediglich in `Soziale Religion´, einer der Jahrhundertwende-Predigten spricht er einmal explizit von einem für die Gegenwart angemessenen `demokratischen Gott´ fürs ganze Volk, den er den Gottesbildern früherer Zeiten gegenüberstellt, wie z. B. dem thronenden Fürsten, strahlenden Kriegshelden, bürgerlichen Zunftmeister, oder dem privaten, apart für den Einzelnen und dessen persönliche Wehwehchen besorgten Gott.“[374] „Viele der von Kalthoff geäußerten Gedanken waren keineswegs neu, insbesondere auch seine ethischen Ansichten waren bereits um 1890 weiter verbreitet, als man vielleicht aus heutiger Sicht vermuten möchte. Nicht wenige der von Kalthoff vertretenen religiösen Thesen sind später zu Kernsätzen moderner Theologien geworden, etwa bei Dietrich Bonhoeffer, Rudolf Bultmann, Harvey Cox oder Paul Tillich, und doch will eine Etikette wie `Gott ist tot´ so gar nicht zu Kalthoffs Mentalität passen. Seine Botschaft lautete: Gott wurde Mensch und lebt in uns, als des Menschen tiefstes, wahrhaftigstes Wesen. Ob und wie es

[373] Abresch, Enfant terrible, 36.
[374] Abresch, Enfant terrible, 36.

`den Jesus´ des Neuen Testaments gegeben haben mag oder nicht, ist für den christlichen Glauben belanglos und mag Theologen oder Historiker beschäftigen; `Christus´ aber ist eine Metapher für die dem kulturellen Fortschritt zutiefst innewohnende Triebkraft, für eine ideale, zukunftsträchtige Lebensform, die den Menschen jeweils über sich selbst hinauswachsen läßt, für den Urgrund, auf welchem das `Prinzip Hoffnung´ gedeiht. `Nachfolge Jesu´ heißt nun: Christus ist dort, wo wir morgen zu sein hoffen können, wenn wir die Zeichen der Zeit erkennen und, der Stimme des Gewissens folgend, das Notwendige tun. Christentum erweist sich in der Zukunft-schaffenden Tat; nicht im blinden Aktivismus des Machers oder im emsigen Treiben des Beflissenen, sondern in der umsichtigen, selbstverantwortlichen Praxis einer kritischen Theorie."[375] „Wenn auch die religiösen Impulse der christlichen Bewegung hauptsächlich von dem jüdischen Messiasglauben ausgegangen sein mögen, so ist das Christentum eine geschichtliche Lebensmacht doch erst im römischen Reiche geworden."[376] „Als ein unerhörtes Wagnis stellt Steudel es hin, daß ich behauptet habe, die Einreihung der Evangelienliteratur in die jüdische apokalyptische Literatur wie Kalthoff sie vornehme sei deshalb unmöglich, weil ein solches Verfahren, wie es danach in den Evangelien vorläge, in der gesamten spätjüdischen Literatur beispiellos wäre."[377] „Kalthoff griff sein Problem `Die Entstehung des Christentums´, nicht als Theologe oder Philologe, sondern als Soziologe an. Er ist ein Anhänger der monistischen Weltauffassung, die sich auf dem Gebiete der Nationalökonomie und der Geschichte immer mehr die Lehrstühle der Hochschulen erobert. Kalthoff ist unseres Wissens aber der erste, der die soziologische Methode voll auf die Religionswissenschaften

---

[375] Abresch, Enfant terrible, 37.
[376] Kalthoff, Lydia, die Purpurkrämerin aus Thyatira, 1902, 409f.
[377] Bousset, Antwort auf Steudel, 1904, 17f.

ausdehnt. Er verwirft die voraussetzungslose Gestalt Christi. Er sagt, eine ganze ringende Welt von Gedanken und Ideen, wie sie das Christentum repräsentiert, hatte stärkere Bedingungen nötig, als das Wirken einer originalen Persönlichkeit."[378] „Kalthoff glaubt an die Zukunftmöglichkeit der Religion. Aber dann muß sie eben aus dem reichen Gegenwartsleben wachsen und aus den Bedürfnissen des gegenwärtigen Menschen heraus die vorwärtsdrängenden, prophetischen Kräfte des Lebens zu entfesseln wagen."[379] „Den Gegnern des Monismus aus der Theologie könnte man entgegenhalten, daß gerade sie, die Theologen es sind, welche die Religion zerstören. Von dem ursprünglichen Christusglauben haben die Theologen nicht viel übrig gelassen. Strauß, Schleiermacher, Renan, Harnack haben die Lehre vom Christentum so verfeinert, daß von dem alten nicht viel übrig geblieben ist, und die neue Lehre nähert sich dem Monismus. Kalthoff sogar hält alle Überlieferung über Christus für Mythe. Überdies hat es schon vor Christus Männer gegeben, die von dem ersten Altruismus, wie er den Kern der christlichen Lehre bildet, erfüllt waren."[380] „Weil Ks. Interesse ein wissenschaftliches ist, der Ethik, der Geschichtsphilosophie und der Religionsphilosophie zugewandt, aber nimmermehr der Religion selbst, deshalb hat ihn die Idee seines Christusproblems so fascinieren können. Eine glänzende wissenschaftliche Hypothese ist das, die seinen Scharfsinn reizen mußte, die aber religiös unfruchtbar bleibt. Sollte sie je bewiesen werden können, so wäre das der ärgste Stoß, den die christliche Religion als solche vielleicht erleiden könnte, wenn nicht ihr Todesstoß."[381] „Ich soll nämlich verschwiegen haben, daß O. Pfleiderer die Kalthoffsche Leugnung eines geschichtlichen Jesus entschieden ablehnt, während doch auf Spalte drei meines ersten Artikels deutlich

[378] Bremer Nachrichten, 29.12.1903, 5.
[379] Bremer Nachrichten, 30.12.1903, 9.
[380] Vossische Zeitung, 20.4.1909, 1.
[381] Francke, Albert Kalthoff, 1906, 491.

Pfleiderers Worte zu lesen stehen: `So wenig ich auch mit seinem (Kalthoffs) Ergebnis einverstanden sein kann.´"[382] „Herr Professor Bousset hat den Vortrag, den er am 6. Januar im hiesigen Protestantenverein gehalten, in etwas erweiterter Fassung in Druck gegeben. Er will damit `dem Laien einen klaren Überblick über den Stand der wissenschaftlichen Arbeit der Evangelienkritik geben´ und gleichzeitig `an den entscheidenden Punkten zeigen, wie die Fundamente des hier aufgeführten Baues durch die Angriffe Kalthoffs unerschüttert bleiben´."[383] „Ein Christusproblem im Sinne Dr. Kalthoff, also ein fragendes Dilemma: `Ist die Person Jesu Christi der Stifter der christlichen Kirche, und sind die Evangelien zuverlässige, wenn auch nach historisch-kritischer Methode zu prüfende Urkunden über sein tätiges Leben und Wirken, über seinen Tod und seine Auferstehung? oder: ist die Person Jesu Christi lediglich eine Typisierung der im Werdeprozeß der christlichen Kirche wirkenden ethisierenden und humanisierenden Kräfte und sind die Evangelien lediglich eine Fortsetzung jüdischer Apokalyptik, herrührend von jüdischen Haggadisten in der sogenannten messianischen Gemeinde in Rom, die dann erst durch philonisch-allegoristische Transmutiereung des Wortsinnes in den von den Verfassern gemeinten, eigentlichen Sinn zu geschichtlichen Dokumenten gemacht werden müssen?´ – ein solches Problem gibt es für die christliche Gesamtkirche nicht und hat es für sie von ihrer Gründung an bis heute niemals gegeben."[384] „Die Leugnung der Existenz der Person Jesu Christi als des Stifters des Christentums hat auf deutschem Boden erst in neuerer Zeit ein Privatdozent der evangelischen Theologie, Bruno Bauer, den der verstorbene liberale Generalsuperintendent D. C. Schwarz in Gotha die tollgewordene Logik

---

[382] Steudel, Zu Boussets Replik, 1904, 2.
[383] Steudel, Streiflicht, 1904, 9.
[384] Thikötter, Dr. Kalthoff´s Schrift, 1903, 60f.

nannte, in Szene gesetzt; sodann der evangelische Prediger an der St. Martinigemeinde in Bremen, Dr. Kalthoff, in Nachfolge einiger Literaten der sozial-demokratischen Partei, auf der Basis der dogmatisch materialistischen Geschichtsbetrachtung von Karl Marx und in Verbindung derselben mit der alexandrinisch-allegoristischen Interpretations-Technik von Philo, die nach purer Willkür den Wortsinn der Evangelien umdeutet."[385] „Kalthoff nennt das Christentum der liberalen Theologen von heute `Jesuanismus´. Er will damit sagen, daß sie ihr Christentum abhängig machen von den Worten und Taten eines galiläischen Rabbi, namens Jesus. In Wirklichkeit werde von diesem völlig obskuren Individuum aus die Entstehung und Ausbreitung des Christentums schlechterdings nicht klar. Alles Phrasentum von der Macht genialer Persönlichkeiten helfe hier zu gar nichts. Der sieghaft die Kirche beherrschende Christus sei eben kein Individuum, sondern ein Prinzip."[386] „Kalthoff war ein Geschichtsphilosoph, kein Historiker. Aber er hat auf die Achillesferse der neueren Theologie hingewiesen, ihren Jesuskult, der als Heroenkult nicht an die Stelle der religiösen Verehrung eines Mensch gewordenen Gottes gesetzt werden darf."[387] „Namentlich in den letzten Jahren machten seine radikalen Schriften `Die Entstehung des Christentums´ und `Was wissen wir von Jesus´ großes Aufsehen. Sie riefen nicht nur die kirchlich Konservativen gegen ihn auf den Plan, auch die moderne Theologie freierer Richtung wandte sich scharf gegen Kalthoff."[388] „Der vor kurzem in Bremen gestorbene Pfarrer Kalthoff ist derjenige Geistliche, gegen den sich Stöcker in seinem Vortrage im hiesigen Saalbau als einen Leugner des persönlichen Christus wandte."[389] „Diese Gründung [Monistenbund] verschaffte Kalthoff hier

[385] Thikötter, Dr. Kalthoff´s Schrift, 1903, 62.
[386] Bremer Kirchen-Blatt, 31.1.1904, 36.
[387] Bremer Nachrichten, 15.5.1906.
[388] Leipziger Tageblatt, 12.5.1906.
[389] Pforzheimer Anzeiger, 16.5.1906.

noch mehr Widersacher als schon sein bekanntes Buch über das Christusproblem, wonach Christus gar nicht gelebt haben soll und die christliche Religion aus den damaligen sozialen Gemeindebestrebungen hervorgegangen ist."[390] „Kalthoff war wohl der liberalste Theologe, den die deutsche christliche Kirche kannte. Sein kirchlicher Liberalismus ging bis zur Verneinung der Christusgestalt und bis zur Übernahme in dem vor etwa Jahresfrist von dem Jeneser Professor Ernst Haeckel gegründeten Monistenbunde."[391] „Man wird Kalthoff zugestehen können, diese Hypothese geistreich durchgeführt zu haben."[392] „Schon Hartmann hat es in seiner Schrift über `Die Selbstzersetzung des Christentums´ vom Jahre 1874 gesagt und Overbeck, Kierkegaard und Tolstoi, die auch Kalthoff anführt, sind der gleichen Ansicht, daß ein solcher [historischer] Jesus dem modernen religiösen Bewußtsein nichts zu bieten habe, und daß es die größte Selbsttäuschung sei, die ganze Religion, wie die liberale Theologie, auf die bloße Verehrung des Menschen Jesus beschränken zu wollen."[393] „Oder sollte Kalthoff eine andere Möglichkeit vorgeschwebt haben, die Religion neu zu begründen? Dann wäre es interessant gewesen, zu erfahren, was wir unter Christus zu verstehen haben und in welchem Sinne wir heute noch an ihn glauben könnten."[394] „In diesen bedeutungsvollen Schriften [Christusproblem & Entstehung des Christentums], die den höchsten Zorn der rechtgläubigen Theologen erregten, wurde der Nachweis geführt, auf wie schwachen Füßen das ganze `historische Christentum´ steht, und daß Jesus als historische Person und als Religionsgründer in die Mythologie gehört. An Stelle des `historischen Christus´, von dem wir gar nichts Sicheres wissen, tritt die poetische Idealgestalt, die aus den

[390] Basler Nachrichten, 16.5.1906.
[391] Hamburger Echo, 13.5.1906.
[392] Drews, Kalthoffs „Modernes Christentum", 1906.
[393] Drews, Kalthoffs „Modernes Christentum", 1906.
[394] Drews, Kalthoffs „Modernes Christentum", 1906.

sozialen Ideen, den kommunistischen Utopien und den politischen Bestrebungen der urchristlichen Zeit hervorgewachsen ist. In einer der ersten Flugschriften unseres Monistenbundes, welche `Monismus und Christentum´ in ihren Beziehungen erläutern soll, gedenke ich auf diese fundamentalen Arbeiten unseres ersten Präsidenten zurück zukommen."[395] „Über die Logik, welche daraus, daß einem Mann [Paulus] die Urheberschaft bestimmter Schriften abgesprochen wird, folgert, die Geschichtlichkeit des Mannes selber sei bestritten, muß ich mich jedes Urteils enthalten, das es sich für mich hier nur um eine notwendige Berichtigung handelt."[396] „Albert Kalthoff: Das Christusproblem. Grundlinien zu einer Sozialtheologie. Leipzig 1902. 87 S. – Die Entstehung des Christentums. Neue Beiträge zum Christusproblem. Leipzig 1904, 155 S. – Albert Kalthoff wurde 1850 zu Barmen geboren und wirkte als Pastor zu Bremen. Er starb 1906."[397] „Nach Albert Kalthoff entstand das Christentum durch Selbstentzündung, als die religiösen und sozialen Zündstoffe, die sich im römischen Imperium angesammelt hatten, mit den jüdischen Messiaserwartungen in Berührung kamen. Jesus von Nazareth hat nie existiert; und wenn er einer der zahlreichen Judenmessiasse war, die den Tod am Kreuz fanden, hat er das Christentum dennoch nicht gegründet. Die in den Evangelien niedergelegte Geschichte Jesu ist in Wirklichkeit nur die Entstehungsgeschichte des Christusbildes, d.h. Geschichte der werdenden Gemeinde. Es gibt also kein Problem des Lebens Jesu, sondern nur ein Christusproblem."[398] „So skeptisch ist Kalthoff freilich nicht von jeher gewesen. Als er im Jahre 1880 im protestantischen Reformverein zu Berlin Reden über das Leben Jesu hielt, glaubte er sich noch berechtigt, `die in der neueren Theologie allgemein anerkannten

[395] Volkszeitung Berlin, 6.7.1906.
[396] Bremer Nachrichten, 9.1.1904.
[397] Schweitzer, Geschichte, 361, Fußnote 16.
[398] Schweitzer, Geschichte, 361.

Resultate ohne weitere Begründung einfach zugrunde zu legen´. Nachher wurde er aber an dem Christus nach dem Fleisch, den er damals seinen Hörern vor Augen malte, so gründlich irre, daß er ihn sogar im Theologischen Literaturkalender nicht mehr kennen wollte, und vergaß, jene auch im Druck erschienenen Vorträge unter seinen Werken aufzuzählen [Das Leben Jesu. Reden, gehalten im protestantischen Reformverein zu Berlin. Berlin 1880. 173 S.].“[399] „Er zerfiel mit dem modern-historischen Jesus, weil er aus dem `Leben-Jesu´ den Weg ins Urchristentum nicht fand. Die moderne Theologie, bemerkt er einmal sehr richtig, sieht sich gezwungen, da, wo die Geschichte der Gemeinde einsetzt, `sofort Abfall und Verfälschung von einem ursprünglich reinen Prinzip zu statuieren´, und stellt sich damit `außerhalb der Methode der allgemeinen historischen Wissenschaft´. Wenn wir also den Weg nicht von rückwärts nach vorwärts gehen können, versuchen wir es, von vorwärts nach rückwärts zu gelangen, indem wir zunächst in der Gemeindetheologie die Werte bestimmen, die wir dann im Leben-Jesu wiederfinden sollen.“[400] „Damit ist er im Recht. Die modern-historische Theologie wird ihn positiv erst dann widerlegt haben, wenn sie einmal die Entstehung des Christentums aus dem Leben Jesu ohne die Theorie vom `Fall´, mit der Harnack, Wernle und die andern alle operieren, erklärt haben wird. Bis sie einigermaßen begreiflich gemacht hat, wie unter dem Einfluß der jüdischen Messiassekte, im Nu, auf allen Punkten zugleich, griechisch-römisches Volkschristentum entstand, bis sie nur einmal das Volkschristentum der drei ersten Generationen beschrieben hat, muß sie allen Hypothesen, welche dieses Problem erfassen und zu lösen versuchen, auch den extravagantesten, ihr formelles Daseinsrecht zugestehen.“[401] „Die Kritik, die Kalthoff an den historisch-positiven

[399] Schweitzer, Geschichte, 361, vgl. Fußnote 17.
[400] Schweitzer, Geschichte, 361.
[401] Schweitzer, Geschichte, 361f.

Darstellungen übt, ist zum Teil sehr treffend. `Jesus´, sagt er einmal, `ist für die protestantische Theologie das Gefäß geworden, in welches jeder Theologe seinen eigenen Gedankeninhalt hineingießt.´ Richtig bemerkt er, daß der `Christus´ rückwärts von den Episteln und Evangelien des Neuen Testaments bis zur Danielapokalypse immer zugleich neben menschlichen übermenschliche Züge trägt. `Nie und nirgends´, führt er aus, `ist er das, was die kritische Theologie aus ihm hat machen wollen: ein bloßer natürlicher Mensch, ein historisches Individuum.´ `Der Christusname war durch die messianische Apokalyptik so ganz und gar in die heroische Sphäre erhoben, daß er für ein menschliches Individuum unmöglich geworden.´ Dasselbe hatte schon Bruno Bauer der Theologie seiner Zeit vorgehalten, indem er es für undenkbar erklärte, daß ein Mensch unter den Juden aufgestanden sei und gesagt habe: Ich bin der Messias."[402] „Aber das ist eben das Verhängnisvolle, daß Kalthoff durch Bruno Bauers Kritik nicht hindurchgegangen ist, ihn nicht vorauszusetzen scheint und auf halbem Wege stehen bleibt, wo jener kritische Geist die Fragen zu Ende gedacht hat. Jahraus, jahrein soll es, ihm zufolge, im jüdischen Volke messianische Unruhen, gekreuzigte Christusprätendenten gegeben haben. `Es hat gar manchen Christus gegeben´, behauptet er einmal, `ehe ein Jesus für diesen Namen überhaupt nur in Frage kommen konnte.´"[403] „Woher weiß Kalthoff dies? Wenn er Bruno Bauer hätte auf sich wirken lassen, wäre er nicht auf diese Behauptung gekommen; er hätte erfahren, daß sie nicht nur historisch unbewiesen, sondern in sich unmöglich ist."[404] „Aber Kalthoff hat es viel zu eilig, das Urchristentum und damit sein Christusbild vor den Augen des Lesers entstehen zu lassen, als daß er sich die Kritik des großen Vorgängers zu eigen machte. Von der festen

[402] Schweitzer, Geschichte, 362.
[403] Schweitzer, Geschichte, 362.
[404] Schweitzer, Geschichte, 362.

Straße der Kritik muß man mit ihm alsbald ins Torfmoor der Überlegungen, damit man auf dem kürzesten Weg in das griechisch-römische Urchristentum kommt. Nur daß, wo der Führer leicht und sicher wandelt, der gewöhnliche, mit geschichtlicher Überlegung beschwerte Mensch rettungslos sinkt."[405] „Die Überlegung, durch die Kalthoff sich leiten läßt, ist an sich scharfsinnig, ein glückliches Komplement der Bauerschen Konstruktion. Dieser wollte das Christentum aus der griechisch-römischen Philosophie hervorgehen lassen; Kalthoff, der erkennt, daß die Hauptfrage die Entstehung des Volkschristentums betrifft, will von den sozialen Bewegungen ausgehen."[406] „Im Kaiserreich, führt er aus, unter der geknechteten, rechtlosen Sklaven- und Volksmasse, sammelten sich eruptive Kräfte unter hoher Spannung an. Es bildete sich eine kommunistische Bewegung, die durch die zur Proletariermasse gehörende Judenschaft messianisch-apokalyptische Färbung annahm. Die jüdische Synagoge hat die römisch-sozialen Zustände beeinflußt, so daß `Die im römischen Reiche elementar wirkende soziale Gärung sich mit den religiösen und philosophischen Kräften der Zeit amalgamierte, und damit die neue, die christliche Kultur schuf´. Nun hatten es die altchristlichen Schriftsteller in der Synagoge gelernt, `Personifikationen´ zu schaffen. Die ganze spätjüdische Literatur beruht ja auf diesem Prinzip. So wurde der `Christus´ zum Gemeindeheros. `Vom sozialtheologischen Standpunkt aus ist das Christusbild der sublimierte religiöse Ausdruck alles dessen, was in einem Zeitalter an sozialen und ethischen Kräften wirksam gewesen ist.´ Das Abendmahl war das Gedächtnismahl des Gemeindeheros."[407] „Als der Christus, auf dessen Parusie die Gemeinde wartet, trägt der Gemeindegott von Hause aus die Expansionsfähigkeit zum Weltengott in

[405] Schweitzer, Geschichte, 362.
[406] Schweitzer, Geschichte, 362f.
[407] Schweitzer, Geschichte, 363.

sich, zum Christus der Kirche, der dem Vatergott wesensgleich ist. So trägt der Christusglaube die messianische Zukunftshoffnung in die organisierten Massen, er erobert mit seiner Zukunftstendenz alle an der Vergangenheit kranken und an der Gegenwart verzweifelnden Herzen."[408] „Tod und Auferstehung Jesu sind Gemeindeerlebnisse. `Für einen unter Pontius Pilatus gekreuzigten Juden gibt es keine Auferstehung, höchstens die trübe Hypothese von einer jeder geschichtlichen Realität entbehrenden Auferstehungsvision oder wohl gar die beliebte Flucht in die theologische Phrase. Für die Gemeinde aber war die Auferstehung etwas ganz Reelles, Tatsächliches. Sie war ja als Gemeinde in jeder Verfolgung nicht vernichtet, sondern neu gekräftigt und belebt worden."[409] „Wie steht es mit den Voraussetzungen dieser Konstruktion?"[410] „Für das, was er über römische Zustände und das gesellschaftlich organisierte Proletariat im Kaiserreich um die Zeit Trajans – damals erblickte die Kirche das Licht der Welt – weiß, mag Kalthoff die Verantwortung allein tragen. Wie bringt er aber die jüdische Apokalyptik mit dem römischen Proletariat zusammen?"[411] „Gemeinsam, sagt er, war beiden der Kommunismus. Er war das Band, das die apokalyptische Überweltlichkeit mit der Wirklichkeit verband. Nur vergißt Kalthoff, den Nachweis, daß der Kommunismus `die ökonomische Grundanschauung der Apokalyptik´ war, aus den jüdischen Apokalypsen zu führen. Er operiert von Anfang an mit einer sozialistisch und hellenistisch präparierten Apokalyptik. Aus der deuteronomistischen Reform soll der Messianismus als eine `soziale Theorie, die nach ihrer Verwirklichung in der Praxis ringt´, hervorgegangen sein. Die Danielapokalyptik soll unter platonischem Einfluß entstanden sein! `Das Messiasbild ist also hier ein Menschenbild geworden; es hat seine

[408] Schweitzer, Geschichte, 363.
[409] Schweitzer, Geschichte, 363.
[410] Schweitzer, Geschichte, 363.
[411] Schweitzer, Geschichte, 363.

spezifisch jüdischen Züge verloren.´ Jesus ist der himmlische, urbildliche Idealmensch. Zugleich taucht, ebenfalls aus Plato, die Unsterblichkeitsvorstellung in der Apokalyptik auf."[412] „Wenn Kalthoff noch wenigstens von der Auferstehungsvorstellung statt von der Unsterblichkeitsvorstellung reden wollte! Dann wäre sein Wissen noch einigermaßen erträglich."[413] „Diese platonische Apokalyptik hat aber nie existiert, oder wenigstens darf man ihre Existenz nicht behaupten, ohne sie zu beweisen. Aber zugegeben, daß die jüdische Apokalyptik auf das Griechentum angelegt, daß sie platonisch und kommunistisch war, warum setzen dann die Evangelien, die das Werden Christi und des Christentums schildern, galiläische und nicht römische Verhältnisse voraus?"[414] „Sie setzen tatsächlich römische voraus, sagt Kalthoff. Die evangelische Geschichtserzählung ist von Rom nach Palästina projiziert. Römisch sind die in den Erzählungen und Gleichnissen vorausgesetzten Agrarverhältnisse. Einen Weinberg mit eigener Kelter soll es nur auf römischem Großgrundbesitz gegeben haben. Römisch sind die Rechtsverhältnisse. Daß der Gläubiger den Schuldner mit Weib und Kind verkaufen läßt, war nicht jüdisches, sondern römisches Recht."[415] „Hinter Petrus verbirgt sich von Anfang an die römische Gemeinde. Das Petrusbekenntnis muß nach Cäsarea Philippi verlegt werden, weil diese Stadt `als Sitz der römischen Landesverwaltung´, für Palästina die politische Gegenwart Roms bedeutete."[416] „Das blutflüssige Weib war vielleicht Poppäa Sabina, Neros Gemahlin, `die wegen ihrer starken Hinneigung zum Judentum für eine apokalyptische Schreibweise wohl als die Frau, die den Saum des Gewandes Jesu berührte, gelten

[412] Schweitzer, Geschichte, 363f.
[413] Schweitzer, Geschichte, 364, Fußnote 18.
[414] Schweitzer, Geschichte, 364.
[415] Schweitzer, Geschichte, 364.
[416] Schweitzer, Geschichte, 364.

konnte."[417] „Die Erzählung vom ungetreuen Haushalter geht auf Papst Kallixt, der, als er Sklave eines vornehmen Christen war, wegen Veruntreuung in die Bergwerke geschickt wurde; die von der großen Sünderin auf Marcia, die einflußreiche Maitresse des Commodus, auf deren Fürsprache Kallixt freigegeben wurde, um bald zum römischen Bischof zu avancieren. `So mögen diese beiden Erzählungen´, führt Kalthoff aus, `die allzu deutlich an damals allgemein bekannte und in der christlichen Gemeinde lebhaft diskutierte Vorgänge anklingen, in das Evangelium aufgenommen sein, um dem kirchlichen Bewußtsein in Bezug auf dieses unter den Augen der römischen Gemeinde sich abspielende Vorleben eines römischen Bischofs Ausdruck und damit den Vorgängen selbst die kirchliche Deutung und Sanktion zu geben.´"[418] „Kalthoff setzt leider nicht hinzu, ob wir es hier mit naiver oder sentimentaler urchristlicher Deutung zu tun haben."[419] „Das heißt den Teufel mit Beelzebub austreiben. Um so maßlos zu erfinden, brauchte Kalthoff nicht an dem Jesusbild der modernen Theologie irre zu werden. Man hat fast ein Recht, ihn zu schelten, daß er seine so geistreiche und im Prinzip der modernen Theologie gegenüber so berechtigte These so uninteressant durchführt und es damit selbst verschuldet, daß an Stelle der wirklichen Auseinandersetzung langweiliges Gezänk tritt."[420] „Gegen Kalthoff: Wilhelm Bousset: Was wissen wir von Jesus? Vorträge im Protestantenverein zu Bremen. Halle 1904. 73 S. – Dagegen: Albert Kalthoff: Was wissen wir von Jesus? Eine Abrechnung mit Professor Boesset in Göttingen. Berlin 1904. 43 S. – Richtige Gesichtspunkte entwickelt der klare und sachliche Vortrag von W. Kapp: Das Christus- und Christentumsproblem bei Kalthoff. Straßburg 1905. 23 S. – Für die Theorie Kalthoffs tritt ein B. Kellermann: Kritische Beiträge zur

---

[417] Schweitzer, Geschichte, 364.
[418] Schweitzer, Geschichte, 364.
[419] Schweitzer, Geschichte, 365.
[420] Schweitzer, Geschichte, 365.

Entstehungsgeschichte des Urchristentums. Berlin 1906. 91 S. – Die katholische Widerlegung der erneuerten Häresie Bruno Bauers liefert Mranz Meffert: Die geschichtliche Existenz Christi. M.-Gladbach 1904. 95 S. – Gegen Kalthoff mach K.F.A. Linke (Gymnasialprofessor in Jena) die lebendige Schilderung des ersten Auftretens des Herrn geltend. (`Jesus in Kapernaum´. Ein Versuch zur Erklärung des Markusevangeliums. Tübingen 1904. 44 S.)"[421] „Zuletzt besteht zwischen Kalthoff und seinen Gegnern gar kein Unterschied. Jene wollen ihren historischen Jesus in unsere Zeit verpflanzen, er seinen `Christus´. `Ein säkularisierter Christus´, sagt er, `als Typus des autonomen Menschen, der in Kampf und Leiden sich selbst durchsetzt, um die unendliche Liebesfülle, die er in sich trägt, als Liebessegen den Menschen darzubieten, der läßt den alten Christustypus der Kirche zu neuem Leben entstehen. Er ist nicht mehr der Christus der Schriftgelehrten, der theologische Begriffsmensch mit allen seinen Schulpraktiken und Schulregeln. Er ist der Volkschristus, der Laienchristus, in dessen Bilde alle die einfachsten und natürlichsten, deshalb aber erhabensten und göttlichsten Kräfte der Menschenseele ihren sinnig-geistigen Ausdruck finden.´ Dasselbe verhießt auch der Jesus der modern-historischen Theologie. Warum dann der Umweg über den Skeptizismus? Der Christus Kalthoffs ist nichts anderes als der Jesus derer, die er von oben herab bekämpft, nur daß er ihn mit roter Tinte auf ein Löschblatt malt und uns zumutete, sein Gebilde, weil es rot ist und auseinanderfließt, für etwas Neues zu nehmen."[422] „Strauß kann nur bedingterweise als ein Vorläufer der mythischen Ansicht angeführt werden. Er hielt an der Existenz eines historischen Jesus fest und glaubte, die mythischen Elemente in der evangelischen Überlieferung fast ausschließlich aus

[421] Schweitzer, Geschichte, 365, Fußnote 19.
[422] Schweitzer, Geschichte, 365.

alttestamentlichen Motiven herleiten zu können."[423] „Bruno Bauer verneint die Geschichtlichkeit Jesu, erklärt aber die Persönlichkeit, die im Urchristentum Verehrung genoß, als eine Personifizierung der Ideen, die zur Gründung der neuen Religion geführt hatten. Der Gedanke, daß sie das Produkt einer Evolution der Mythologie darstellen könne, liegt nicht in seinem Gesichtskreis. Auch Kalthoff, sein Epigone, ist weit von der mythischen Anschauung entfernt. Sein Christus ist eine proletarisch-philosophische Schöpfung."[424] „Dupuis und Volney, die älteren Bestreiter der Existenz Jesu, vertraten die ausschließlich mythische Erklärung. Die symbolische wurde zum erstenmal in umfassender Weise von Bruno Bauer entwickelt. Von ihm übernahm sie Kalthoff."[425] „Unter denen, die als Werkmeister an seinem [Drews] Bau mitgearbeitet haben, sind noch Kalthoff, Friedländer und Seydel zu nennen."[426] „Komisch wirkt bei dieser Kritik, in der Kalthoff ihm [Drews] die Wege geebnet hatte, daß er sich auf die merkwürdigsten Dunkelmänner beruft, wenn sie von Smith und den andern erwähnt werden."[427] „K. Kautskys Leben Jesu [Der Ursprung des Christentums. Stuttgart 1908. 508 S. – Kautsky, geboren 1854 zu Prag, lebt als sozialistischer Schriftsteller in Berlin und leitet die Redaktion der `Neuen Zeit´.] sei nur eben erwähnt. Er trägt eine Korrektur der Kalthoffschen Auffassung vor. Statt die kommunistische Bewegung, aus der das Christentum hervorgegangen sein soll, in Italien entstehen zu lassen, verlegt er sie nach Palästina. Hierdurch wir es ihm möglich, den allgemeinsten Voraussetzungen der Evangelien besser gerecht zu werden als sein Bremenser Vorläufer und die Geschichtlichkeit Jesu aufrecht zu erhalten."[428] „Von Qumran bis zum Neuen Testament. Alle Zeitangaben über Jesus sind Vermutungen und

---

[423] Schweitzer, Geschichte, 452.
[424] Schweitzer, Geschichte, 452f.
[425] Schweitzer, Geschichte, 454.
[426] Schweitzer, Geschichte, 492.
[427] Schweitzer, Geschichte, 493.
[428] Schweitzer, Geschichte, 571.

Kombinationen. Die Jahreszahlen in diesem Schaubild sind die in der theologischen Literatur am häufigsten genannten. 100 v. chr.: Qumran-siedlung wird gegründet. 4 oder 7 v. chr.: Jesus wird geboren. Zwischen 26 und 29 n. Chr.: Johannes der Täufer predigt und tauft in der Wüste. Zwischen 27 und 30 n. Chr.: Jesus tritt öffentlich auf. Zwischen 27 und 29 n. Chr.: Jesus läßt sich taufen. 30 n.Chr.: Jesus wird gekreuzigt. Zwischen 31 und 33 n. Chr.: Paulus wird Christ. 50-60 n. Chr.: Paulus-Briefe, u.a. an die Gemeinden in Rom und Korinth. Sieben Briefe blieben erhalten und wurden in das Neue Testament aufgenommen. 68 n. Chr.: Die Römer zerstören die Qumran-Siedlung. 70 n. Chr.: Die Römer erobern Jerusalem und zerstören den Tempel. 70 n. Chr.: Markus-Evangelium. 80-125 n Chr.: 14 Briefe, die im Neuen Testament stehen – geschrieben angeblich von den Aposteln Paulus, Petrus und Johannes sowie den Jesus-Brüdern Jakobus und Judas, tatsächlich aber von unbekannten Christen. 90 n. Chr.: Apostelgeschichte. Matthäus-Evangelium. Lukas-Evangelium. 95 n. Chr.: Offenbarung des Johannes. 100 n. Chr.: Johannes-Evangelium."[429] „Geza Vermes: Jesus war ein frommer Chassid – das ist die Hauptthese des berühmten Oxforder Judaisten. Sein Buch `Jesus der Jude´ hatte nachhaltige Wirkung; er verglich Jesus mit Talmud-Gestalten. Klaus Berger: Der Heidelberger Theologe wehrt sich gegen allzu harmonisierende Jesusbilder. Er schreibt gern bissige Feuilletons, veröffentlichte letztes Jahr [1995] ein Jesusbuch. Gerd Lüdemann: Ordinarius in Göttingen, provoziert vor allem durch seine Kritik der Auferstehung. Letztes Jahr [1995] erschien sein großes `Ketzer´-Buch. Burton L. Mack: Der kalifornische Gelehrte gilt als radikalster US-Kritiker des konventionellen Bildes von der Entstehung des Christentums. Hermann Detering: Der Berliner Pfarrer schreckte die Zunft im letzten Jahr [1995] mit einer Monographie über

---

[429] Spiegel 22/1996/66f.

Paulus. Er vertrat die These, der Apostel sei möglicherweise eine Phantomgestalt aus dem 2. Jahrhundert."[430] „Wer sich mit dem historischen Jesus und zugleich mit der Entstehung des Christentums beschäftigen will (anders geht es wohl nicht), ist auf ein diffuses Netz von Quellen angewiesen. Die älteste Schicht erkennt die internationale Forschung in Zitaten und Spruchquellen Jesu, die sich dem Neuen Testament, aber auch diversen apokryphen Evangelien (etwa das 1945 in Nag Hammadi entdeckte koptische Thomas-Evangelium) und anderen Überlieferungen der christlichen Literatur entnehmen lassen. Die 27 Bücher des Neuen Testaments sind selbstverständlich von völlig unterschiedlicher Bedeutung – einige der Apostelbriefe (die von Jakobus, Petrus, Johannes und Judas) halten Experten heute fast übereinstimmend für sogenannte Pseudepigraphen (Fälschungen). Von indirekter Bedeutung sind die Texte der Apostolischen Zeit sowie die Angaben der Kirchenväter. Historische Inschriften oder Akten, die Jesus erwähnten, gibt es nicht. Auch in der `Profanliteratur´- also etwa der römischen Geschichtsschreibung – wird Jesus von Nazareth fast überhaupt nicht erwähnt; die Ausnahmen bilden kurze Stellen bei Plinius d.J., Tacitus, Sueton und Flavius Josephus."[431] „Jesus: Die dunkel-helle Figur am Anfang des Christentums. Apostel Paulus: Der Völkerapostel hat Jesus nie leibhaftig gesehen. Apostel Petrus: Neben Paulus wichtigster Apostel des Christentums, Held einiger Apokryphen. Apostel Markus: Ihm schreibt die Überlieferung das gleichnamige Evangelium zu. Apostel Matthäus: Sein Evangelium eröffnet das Neue Testament. Apostel Lukas: In seinem Evangelium steht die bekannte Weihnachtsgeschichte. Apostel Johannes: Verfasser des vierten Evangeliums, auch Autor des letzten Bibel-Buchs `Apokalypse´. Apostel Thomas: Verfasser eines apokryphen Evangeliums. Flavius Josephus:

---

[430] Focus 22/1996/160.
[431] Focus 22/1996/158.

Jüdischer Historiker und Zeitzeuge des 1. Jh.s Erwähnt auch Jesus (strittig). Tacitus: (55-120), römischer Historiker, erwähnt römische Christen. Clemens von Rom: war der dritte Bischof der Kaiserstadt; einige Briefe sind erhalten. Plinius d. Jünger: berichtet in Briefen von der Situation der Christen Anfang des 2. Jh.s. Irenäus von Lyon: (gestorben um 200) ist wegen seiner Antiketzerschriften wichtig. Eusebius von Cäsarea: Seine berühmte `Kirchengeschichte´ (um 315) resümiert das Werden des Christentums."[432] „Der `Völkerapostel´ aus Tarsus. Der große Briefeschreiber: Von der historischen Leistung der Heidenmission des gebürtigen Juden aus Kleinasien erzählen die neutestamentliche `Apostelgeschichte´ sowie die eigenhändigen Briefe des umtriebigen Mittelmeerreisenden selbst. Zwei widersprüchliche Quellen: Viele Neutestamentler glauben, daß die Apostelgeschichte ohnehin `spät´ verfaßt wurde, ebenso die Hälfte der neutestamentlichen Paulusbriefe, die ab 48 n. Chr. Verfaßt worden sein sollen. Römerbrief und Galaterschreiben gehören wegen ihrer Probleme zum schwierigsten Exegese-Gebiet der Theologen: In ihnen wird das Thema Judentum / Christentums thematisiert. Umstritten wie Jesus: an der Authentizität der Paulus-Figur zu zweifeln gilt als Todsünde der neutestamentlichen Zunft. Dennoch finden sich immer wieder Kritiker, die nicht glauben mögen, daß bereits in der Mitte des 1. Jahrhunderts so viele Gemeinden im Mittelmeerraum bestanden."[433] „Die Ausbreitung des Christentums. Licht aus dem Osten: Nach den Angaben des Neuen Testaments (vor allem der Apostelgeschichte) breiteten sich Gemeinden der neuen Religion nach Jesu Tod mit ungeheurer Schnelligkeit im hellenistischen Raum aus. Sieg im Westen: Durch seinen Weltreich-Charakter forcierte das Imperium Romanum den Siegeszug des Christentums innerhalb von dreihundert Jahren im ganzen Mittelmeerraum – es wurde

[432] Focus 22/1996/158f.
[433] Focus 22/1996/162.

Staatsreligion."[434] „Neue Bücher zum Thema Jesus. Die Umdatierer: Carsten Peter Thiede / Matthew d´Ancona, `Der Jesus-Papyrus. Die Entdeckung einer Evangelien-Handschrift aus der Zeit der Augenzeugen´, Luchterhand Verlag, München 1996. Der radikale Revisionist: Burton L. Mack, `Who wrote the New testament? The Making of the Christian Myth´, Harper Collins, New York 1995. Der konservative Revolutionär: Klaus Berger, `Wer war Jesus wirklich?´, Quell Verlag, Stuttgart 1995. Der Abtrünnige: Gerd Lüdemann, `Ketzer. Die andere Seite des frühen Christentums´, Radius Verlag, Stuttgart 1995. Der Ausgewogene: Jürgen Becker, `Jesus von Nazareht´, Verlag Walter de Gruyter, Berlin / New York 1996. Der Sozialromantiker: John D. Crossan, `Der historische Jesus´, Beck Verlag, München 1994."[435]

---

[434] Focus 22/1996/164.
[435] Focus 22/1996/166.

e) Leben-Jesu-Forschung

„Nur die liberale Theologie versuchte, mit der Wissenschaftsentwicklung Schritt zu halten und moderne Denk- und Untersuchungsmethoden auch auf ihren eigenen Gegenstand, speziell die Bibel, anzuwenden. Vor allem in der sog. Leben-Jesu-Forschung war man bemüht, säuberlich zu trennen zwischen historischen Fakten einerseits und religiösen Mythen oder Glaubensaussagen andererseits."[436] „Trotz seiner wachsenden Kritik am theologischen Liberalismus war Albert Kalthoff aktives, wenn auch höchst unbequemes Mitglied im Bremer Protestantenverein und in der Redaktion des Norddeutschen, später Deutschen Protestantenblattes geblieben. In letzterem hatte er eine feste Rubrik (Umschau, vor allem Neuerscheinungen) und lieferte daneben zahlreiche weitere Beiträge, in denen er u.a. vor ideologischer Stagnation (speziell auch vor der liberalistischen Kaprizierung auf den Handel) warnte und zu ständiger Weiterentwicklung liberalen Gedankenguts ermunterte und ermahnte. So willkommen er dort als geharnischter Streiter gegen Orthodoxie und Konservatismus auch gewesen war, so sehr verübelte man ihm die volle Breitseite, welche er im `Christus-Problem´ (1902) gegen die Leben-Jesu-Theologie abgefeuert hatte, und es kam zum offenen Bruch. Für Kalthoff war diese Trennung sowohl persönlich als auch hinsichtlich seiner Auffassung von `Freisinn´ sehr schmerzlich, hatte er doch von seinen liberalen Freunden entschieden mehr Verständnis für Dialektik und zudem auch mehr Gespür in der Wahl der Waffen erwarten dürfen. Neben innerkirchlichen Intrigen und persönlichen Verunglimpfungen in der Presse verfiel sinnigerweise der Vorsitzende des Bremer Protestantenvereins, Pastor Dr. Veeck, ausgerechnet auf die reaktionäre `Methode der Autorität´,

[436] Abresch, Freunde, 51.

indem er eine lange Liste namhafter, führender Theologen erstellte, deren wissenschaftliche Meinung Kalthoffs Theorie widerspreche, und überdies - ähnlich wie weiland im Falle Dulon (s. o., Vorspann) - diese Expertise als eine Art Gutachten verwendete, um auch kirchenpolitisch gegen Kalthoff vorgehen und ihn aus seinem Amt katapultieren zu können. Nach Erscheinen der `Entstehung des Christentums´ (1904) lud Veeck den Göttinger Theologen Bousset nach Bremen ein, der bereits als frühvollendeter 28-Jähriger (1892) die Ergebnisse der Leben-Jesu-Forschung letzt- und endgültig festgeschrieben und Jesus als lebendigen, kraftvollen Jung-Siegfried-Protest gegen das verknöcherte, absterbende Judentum dargestellt hatte.“[437] „Kalthoff antwortete auf die sogleich als Druckschrift erschienenen Bousset-Vorträge mit selbst für sein Temperament ganz außerordentlicher Schärfe: `Was wissen wir von Jesus? Eine Abrechnung mit Prof D. Bousset in Göttingen´. Diese Broschüre erschien 1904 gleich in zwei Auflagen. Ohne auf die konkreten theologischen und historischen Argumente eingehen zu wollen (A. Schweitzer hat diesen Schlagabtausch übrigens als `langweiliges Gezänk´ abgetan), sei doch darauf hingewiesen, daß Kalthoff in einer betont antijüdischen Konzeption von Christentum eine gefährliche Triebfeder für Antisemitismus sah, wie er es bereits als junger Mann in Berlin erlebt hatte, und es zudem unter den buntscheckigen Bremer Liberalen damals auch eine entschieden antisemitische Fraktion gab. Davon abgesehen, gilt Boussets Theorie heute, hundert Jahre später, als gründlich widerlegt.“[438] „Albert Schweitzer geht zwar, wie erwähnt, in seinen Geschichten. der Leben-Jesu- und der Paulinischen Forschung näher auf Kalthoff ein, doch ist die Art, wie er ihn abhandelt bzw. abkanzelt, eher durch Schläue als durch kritische Auseinandersetzung charakterisiert. Durchgängig rügt

[437] Abresch, Enfant terrible, 38f.
[438] Abresch, Enfant terrible, 39.

Schweitzer Kalthoffs Abfall vom Liberalismus, wobei er Kalthoffs akribisch ausgebreitete Argumente kurzerhand beiseite läßt und auch dessen Zielvorstellungen völlig ignoriert. Schweitzer bemühte sich also nicht um einen `enzyklopädischen´ Beitrag, sondern warf sich in die damals aktuelle Diskussion, so daß die - in späteren Auflagen nicht entsprechend überarbeitete - Darstellung (eigentlich muß man von mutwilliger Karikatur der Kalthoff-Theorie sprechen) für Nachgeborene ein ziemlich schiefes Bild ergibt."[439] „In seinem Bremer Friedens-Pfarrer-Buch hat Donat (1988) ein hübsches Foto veröffentlicht, welches um 1900 aufgenommen wurde. Es zeigt Albert Kalthoff und sein `Radikalen´-Kränzchen auf Klappstühlen im Martini-Pfarrgarten sitzend, eben dort, wo 60 Jahre vorher der jugendliche Engels sein Pfeifchen geschmaucht und `Das Leben Jesu´ studiert hatte. 1894, ein Jahr vor seinem Tode, kehrte Engels zu eben diesem Thema zurück und publizierte in der Neuen Zeit seines Freundes Kautsky einen Aufsatz `Zur Geschichte des Urchristentums´, der in ganz verblüffender Weise der Auffassung Kalthoffs ähnelt. Engels zieht darin Parallelen zwischen Urchristentum und Sozialistischer Internationale, wobei er die Entstehung des Christentums interessanterweise - und genau wie Kalthoff - als `soziale Bewegung´ auffaßt und daneben auch bzgl. des über ein sich entfaltendes Meinungsspektrum fluchenden Paulus zu ähnlichen Beurteilungen und Formulierungen wie Kalthoff kommt. Karl Kautsky, der sich mit der Leben-Jesu-Problematik bereits 1888 und 1896 befaßt hatte, legte seinerseits 1908 ein 500-Seiten-Werk zum `Ursprung des Christentums´ vor, in welchem er Engels heftig widersprach und gegenüber dessen (Ungutes verheißenden) Parallelen die gravierenden Unterschiede zwischen frühchristlichem und modernen Sozialismus

[439] Abresch, Enfant terrible, 43.

hervorhob."[440] „Es ergibt sich für die Herstellung eines `Lebens Jesu´ aus der Geschichte der Spezialforschung nach Schweitzer´s überzeugendem Rechnungsabschlusse die nackte Unmöglichkeit eines sichern Endergebnisses."[441] „Einen ganz falschen Schluss zieht aus dem `Christusproblem´ und dem von Kalthoff um seine Mythus-Hypothese geführten zähen Kämpfe gegen die Geschichtlichkeit der Person Jesu, wer meint, Kalthoff sei ein geschworener Feind der grossen Persönlichkeit."[442] „Der Radikalismus mit seiner Entwicklung zum Atheismus hat den religiösen Liberalismus schwer kompromittiert. Es kann nicht geleugnet werden, daß er ihm mannigfachen Schaden zugefügt hat, weil seine Religionsfeindlichkeit die wahre und letzte Konsequenz der freien Auffassung zu sein schien."[443] „Die radikalen Geister haben manche Probleme des Urchristentums vorweggenommen, die erst viel später – Drews und Kalthoff! – zu wirken begannen."[444] „Der junge Strauß muß unbedingt der Vergessenheit entrissen werden, wohin man ihn allzu vorzeitig eingesargt hat, und einer Neuorthodoxie gegenüber gestellt werden, die sich so gebärdet, als ob es nie eine Bibelkritik gegeben hätte."[445] „Auch von Bauer ist, trotzdem die Wissenschaft beinahe alle seine Thesen abgelehnt hat, unendlich viel zu lernen. ... so stellt seine Kritik der evangelischen Geschichte nach kompetentem Urteil doch das genialste Repertorium aller Schwierigkeiten der Leben-Jesu-Forschung dar."[446] „Es gereicht der Theologie nicht zum Ruhm, daß sie den Radikalismus so wenig ernst genommen hat, und sie steht heute vor der Frage, ob sie reif genug geworden sei, diese radikalen Menschen, die nur das eine Verlangen

[440] Abresch, Enfant terrible, 43f.
[441] Knellwolf, Kalthoff, der Prophet der Zukunft-Religion, 1908, 18.
[442] Knellwolf, Kalthoff, der Prophet der Zukunft-Religion, 1908, 19.
[443] Nigg, Geschichte, 174.
[444] Nigg, Geschichte, 175.
[445] Nigg, Geschichte, 176.
[446] Nigg, Geschichte, 176.

kannten, konsequente Denkarbeit zu leisten, endlich vorbehaltlos zu anerkennen."[447] „Am sichtbarsten kommt dieser Neuanfang [in der modernen Theologie] in der Gestalt Albert Schweitzers (geb. 1875) zum Ausdruck, der die Traditionen des älteren Liberalismus auf eine neue Weise aufnahm."[448] „In der Tat erwachte bei Schweitzer der kritische Geist eines F.Ch. Baur wieder zu neuem Leben, der in der modernen Theologie verhängnisvollerweise ganz vergessen worden war."[449] „Indem Schweitzer in seinem Werk [`Geschichte der Leben-Jesu-Forschung´] zum erstenmal die Pioniere des radikalen Liberalismus, wie Reimarus, Strauß und Bruno Bauer nicht auf Grund einer christlichen Dogmatik hinrichtete, sondern sie mit kongenialem Verständnis glänzend darstellte, verwandelte er den lauwarmen Teich der modernen Theologie wieder in einen kristallklaren Bergsee, in welchem sich alles aufs wunderbarste widerspiegelt."[450] „... bleibt dessen ungeachtet seine [Schweitzers] Widererweckung der religionsphilosophischen Ader des religiösen Liberalismus für die Zukunft der modernen Theologie richtungweisend."[451]

[447] Nigg, Geschichte, 176.
[448] Nigg, Geschichte, 259.
[449] Nigg, Geschichte, 260.
[450] Nigg, Geschichte, 260.
[451] Nigg, Geschichte, 261.

f) Marcion

„Bousset vertrat mit der sog. Substitutions-These eine Position, die sich schon bei dem frühchristlichen Kirchenvater und hernach als Ketzer ausgeschlossenen Marcion (ca. 84-160) findet. Für Marcion war das Evangelium von Jesus Christus etwas radikal Neues, eine urplötzlich und unerwartet geschehene Offenbarung, die alle bisherigen religiösen Oberzeugungen hinwegfegt. Dieses Absolute in hergebrachte Denkschemata einflechten, an den eigenen Kulturkreis assimilieren zu wollen, wie es viele Urgemeinden versuchten, erschien ihm als übles Teufelswerk. Um die neue Lehre rein zu erhalten gegenüber kleinmütiger Verfälschung, setzte er dem nach wie vor in den Gemeinden gebräuchlichen `Alten Testament´ ein `Neues Testament´ entgegen. Den alten Gott, den er als stümperhaften und geschmacklosen Schöpfer des irdischen Jammertals zutiefst verabscheute, stellte er den neuen, unbekannten, fremden Gott gegenüber, der seinen Sohn in diesen weltlichen Unrat gesandt hat, um die Menschheit davon zu erlösen. Marcion war der große Apostel der Askese, dem nichts ekelhafter war, als die widerliche Art, wie das Menschengewürm sich vermehrt, dahinvegetiert und schließlich wieder in Fäulnis zerfällt. 52 Ehelosigkeit bzw. Enthaltsamkeit bei Verheirateten waren bei ihm Bestandteil des Taufgelübdes. Dennoch galt ihm als der größte Sünder nicht der in schweinischer Fleischeslust Suhlende, sondern - der Gerechte, der das Gesetz über alles schätzt und deshalb gegenüber der Botschaft des neuen Gottes der Liebe und der Gnade taub ist. Dieser Marcion gilt in der Kirchengeschichte als der Erfinder, erste Redakteur und Herausgeber des Neuen Testaments. Es bestand aus dem Lukas-Evangelium und 10 Paulusbriefen, die er gesammelt, teilweise sogar - im Falle des Galaterbriefes - wiederentdeckt hatte, und es enthielt gegenüber den etwa hundert Jahre später kanonisierten Fassungen all jene Stellen nicht, die in irgendeiner Weise an jüdischen Glauben anknüpfen. In seinem Kampf gegen gleichzeitig kursierende Abschriften, die viele solcher Judaismen enthielten und im Laufe der Zeit um immer mehr sog. `Gemeindegut´ angereichert wurden, kam es im Jahre 144 zu einem Eklat in Rom, wo Marcion auf der vermutlich ersten Synode den krassen Gegensatz von Gesetz und Evangelium herausstellte und den Urgemeinden wegen ihrer Verwässerungen eine Verschwörung gegen die reine Lehre vorwarf. Er aber wurde seinerseits des `Schnibbelns´ und der Irrlehre (worauf hier nicht eingegangen werden kann) geziehen und kurzerhand als Ketzer ausgeschlossen. Marcion gründete daraufhin eine sehr weit verbreitete, bis ins 6. Jahrhundert bestehende Gegenkirche, der sich viele der von ihm missionierten Gemeinden anschlossen und die zeitweise die `römische´ Kirche überflügelte. Leider wissen wir heute von Marcion und seiner Kirche, wie überhaupt von der Vielfalt des frühchristlichen Glaubens und Schrifttums, nur wenig, und dies meist aus gegnerischen Schriften. Hauptquelle ist der erste Ketzerbekämpfer Irenäus (ca. 140-202), Bischof von Lyon, der zugleich als der erste Bücherverbrenner großen Stils gelten muß und dadurch den späteren Kanonikern viel Arbeit abgenommen hat."[452] „Daneben aber demonstriert das Beispiel Marcion in unserem Zusammenhang dreierlei: 1) die große Bedeutung der Forschungs- und Lehrfreiheit, wie sie Kalthoff in 30 Berufsjahren nicht müde geworden ist, zu fordern, zu propagieren, und zudem auch vorzuleben; 2) die Art und Weise, wie soziale Diskriminierung sich durch Geschichtsklitterung eine historische Grundlage schafft, welche hernach dann als Legitimation dient und Mentalitäten erzeugt bzw. verstärkt, wie Kalthoff dies am Problem des historischen Jesus dargelegt hat; 3) die Vergeblichkeit des Versuchs,

[452] Abresch, Enfant terrible, 39.

kirchlichen Antisemitismus (und auch: kirchliche Frauenverachtung) per Dekret oder durch moralischen Druck (wie es heutzutage besonders die Journalisten lieben) zu überwinden, so lange dessen Wurzeln sakrosanktioniert sind, indem sie einem unantastbaren Top-Heiligen (hier: Paulus) zugeschrieben werden."[453]

[453] Abresch, Enfant terrible, 40.

g) Holländische Radikalkritik

„Daß die Paulusbriefe von mehreren Autoren (`Deuteropaulinen´) verfaßt und der darin vorgestellte Apostel eine zumindest aus mehreren Missionaren zusammengesetzte, also legendäre Figur ist, steht seit langem fest. Andererseits aber sind es gerade sieben Paulusbriefe, die nach gegenwärtigem Stand der Forschung im Kanon der insgesamt 27 in das Neue Testament aufgenommenen Stücke als `echt´ gelten können; obwohl man nicht weiß, wer eigentlich dieser Paulus gewesen sein könnte und ob es ihn tatsächlich gegeben hat."[454] „Kalthoff teilte diese Bedenken, zu denen er aufgrund völlig eigenständiger und neuartiger Studien zur wirtschaftlichen Entwicklung der korinthischen Gemeinde gekommen war (bei der Vorbereitung eines entsprechenden Predigtzyklus um 1890, s. Streitschrift gegen Bousset, 1904). Zudem konnte er verweisen auf die sog. `holländischen Radikalkritiker´, ein interdisziplinäres Forscherteam aus Theologen, Philologen und Historikern, welches die Authentizität sämtlicher Paulusbriefe bestritt, sie also als pseudepigraphisch (ins Journalistische übersetzt: `gefälscht´) befand. Bis auf eine entsprechende `Würdigung´ in Albert Schweitzers `Geschichte der Paulinischen Forschung´ (Tübingen, 1911) und kurze Erwähnung in seiner Leben-Jesu-Geschichte ist diese Holländergruppe seltsamerweise in Deutschland kaum rezipiert und erst vor kurzem durch den Berliner Theologen Detering wiederentdeckt worden. Unter dem Titel `Der gefälschte Paulus. Das Urchristentum im Zwielicht´ (Düsseldorf: Patmos) hat Hermann Detering (1995) nun die spannende, aber für Fundamentalisten wohl besonders schmerzliche Vermutung geäußert, der falsche Lehren verfluchende Briefschreiber an die Galater könne ausgerechnet jener Marcion gewesen sein, von welchem ja

[454] Abresch, Enfant terrible, 39f.

bekannt ist, daß er diesen Brief (mit der prononcierten Gesetz-contra-Evangelium-Botschaft) entdeckt und in Umlauf gebracht hat. Detering schloß an diese Hypothese die Spekulation an, hinter dem von Marcion gezeichneten Paulus könne teilweise der aus der Apostelgeschichte bekannte Simon Magus stecken, welcher öfters dem missionierenden Petrus in die Quere gekommen ist und von Irenäus als `Vater aller Ketzer´ tituliert wurde."[455] „Albert Kalthoff würde an solchen Überlegungen gewiß ein besonderes Wohlgefallen gefunden haben, galt ihm doch der blinde Buchstabenglaube im Protestantismus als eine weitaus schlimmere Autoritäts-Hörigkeit denn der Papismus der römischen Katholiken."[456] „Kalthoff war nach B. Bauer der zweite Vertreter des Radikalismus in Deutschland. Anders als Bauer blieb Kalthoff bis zuletzt Theologe, der sich, wie Veeck es ausdrückt, `zu seinem Amte auf der Kanzel einer christlichen Gemeinde´ vollberechtigt glaubte und – erstmalig in Deutschland – seine radikalen Auffassungen auch als Pfarrer und Prediger verkünden konnte."[457] „Neben Völter ist noch auf den Bremer Pastor Albert Kalthoff hinzuweisen, der kurz nach der Jahrhundertwende mit einigen Schriften hervortrat, in denen er die Historizität Jesu bestritt. Schweitzer hat zwar behauptet, daß Kalthoff `weder in Frage noch in Antwort´ etwas zur paulinischen Forschung beigetragen habe [Geschichte der paulinischen Forschung, 96, Anm. 1], doch entspricht dies pauschale Urteil nicht den Tatsachen. Zwar hatte Kalthoff den Paulusbriefen in seiner ersten, aus dem Jahre 1902 stammenden (radikalkritischen) Schrift `Das Christusproblem´ tatsächlich noch keine nähere Aufmerksamkeit geschenkt, doch schon in seiner zweiten `Die Entstehung des Christentums´ (1904) berief er sich zur Begründung seiner Theorie ausdrücklich auf die `holländischen

[455] Abresch, Enfant terrible, 40.
[456] Abresch, Enfant terrible, 40.
[457] Detering, 411f., Fußnote 62.

Theologen Pierson, Loman, Meyboom, Matthes u.a.´ sowie auf den Schweizer Steck, in denen `die traditionelle Anschauung von den paulinischen Briefen´ nach seiner Ansicht `sehr gewichtige Gegner gefunden´ habe [Entstehung, 110f.]. die `Abhängigkeit der kritischen Schule von ihrem Tübinger Begründer Fer. Baur´ ist für Kalthoff wie schon für Steck der Hauptgrund dafür, daß diese nicht `von der alten Überlieferung der paulinischen Abfassung´ losgekommen sei.“[458] „Baur machte mit seiner Kritik vor diesen Briefen Halt, weil er in ihnen den Schlüssel zu den Gegensätzen des Judenchristentums und des Heidenchristentums, gefunden zu haben meinte. So schleppte sich die alte Tradition in der kritischen Schule unbesehen weiter, auch nachdem doch die Voraussetzung, um derentwillen Baur an der paulinischen Herkunft dieser Briefe festgehalten hatte, längst überholt worden war.“[459] „Freilich begnügt sich Kalthoff in seinem Abschnitt über die Paulusbriefe nicht nur damit, einige der Argumente der von ihm erwähnten Radikalkritiker zu wiederholen. Gegenüber Bousset, der Kalthoffs Auffassung der paulinischen Briefe kritisierte und ihm Abhängigkeit von der inzwischen `abgewirtschafteten´ radikalen holländischen Kritik vorwarf, hatte Kalthoff mit Nachdruck auf seine Selbständigkeit bei der Behandlung dieser Frage hingewiesen.“[460] „Ich [Albert Kalthoff] selbst bin, ganz unabhängig von Steck und den Holländern, zuerst an der auch mir in das theologische Fleisch und Blut übergangenen Tradition irre geworden, als ich vor einer längeren Reihe von Jahren einen zusammenhängenden Cyclus von Predigten über das corinthische Gemeindeleben hielt und dabei gezwungen war, von dem, war meine theologischen Lehrer mich gelehrt, zu einer eigenen Durchforschung der Corintherbriefe überzugehen. Mit jedem neuen Blick in die diesen

[458] Detering, 411-413, vgl. Kalthoff, Entstehung, 110f.
[459] Kalthoff, Entstehung, 111.
[460] Detering, 413, vgl. Kalthoff, Was wissen wir von Jesus?, 12.

Briefen zugrunde liegenden Gemeindeverhältnisse wurde mir auch klarer, daß hier schon eine längere Entwicklungsreihe des Gemeindelebens auf der Bahn zum Ziele des katholischen Kirchenideals vorausgesetzt werde, sodaß ich nun erst an eine unbefangene Prüfung der Frage, ob der tarsische Zeltweber und Wanderapostel Paulus diese Briefe geschrieben haben könne, herantrat. Ich bin also von den Corintherbriefen ausgegangen und habe an ihnen gelernt, auch die übrigen, von der Tübinger Schule noch dem Paulus zugeschriebenen Briefe kritisch zu betrachten ... Ich nehme bei meiner Kritik, soviel ich weiß zum ersten Mal, die innerwirtschaftliche Entwicklung des Gemeindelebens, die Entstehung des besoldeten Lehramtes, als Maßstab für die Einreihung der Corinther- und des Galaterbriefes in die Kirchengeschichte an, und behaupte dabei, daß eine solche Entwicklung innerhalb des von der Tradition vorausgesetzten Zeitraums von wenigen Jahren unmöglich sei."[461] „Gegenüber dem Vorwurf blinder Abhängigkeit von der holländischen Radikalkritik weist Kalthoff also auf die Besonderheiten seiner eigenen Theorie, die in der Tat – Kalthoff bezieht zum ersten Mal Methoden materialistischer Geschichtsbetrachtung in die Untersuchung ein – auch in den theologischen Folgerungen, die er aus der historischen Arbeit zieht und die in verschiedenen Aufsätzen dargelegt sind – als ein sehr origineller Geist, dem Schweitzer Unrecht tat, indem er ihn B. Bauer gegenüberstellte und als dessen \`popularisierenden Epigonen´ bezeichnete."[462] „Auch Drews vertritt die Meinung, daß das, was Kalthoff zugunsten seiner Theorie vorträgt, \`sich leider nicht entfernt mit den entsprechenden Aufstellungen seines Vorgängers [B. Bauer] messen´ lassen kann. Vielleicht wollte Drews damit aber auch nur ein bißchen die Bedeutung des radikalen Kritikers herabsetzen, der ihm in Deutschland – abgesehen von dem

[461] Kalthoff, Was wissen wir von Jesus?, 12f.
[462] Detering, 413f., vgl. Schweitzer, Geschichte der paulinischen Forschung, 96.

verstorbenen Bruno Bauer – mit der Bestreitung der historischen Existenz Jesu zuvorgekommen war."[463] „Abgesehen von Kalthoff und Drews sind die Thesen der Holländer auch noch von einigen anderen deutschen Radikalen, z.B. von Friedrich Steudel, Pastor an der Remberti-Kirche in Bremen, Enkel des Strauß-Gegeners F. Steudel und Freund Kalthoffs, sowie dem ... Bremerhavener Pastor Hermann Raschke positiv rezipiert worden."[464]

[463] Detering, 414, vgl. Drews, Geschichte der Leugnung, 107.
[464] Detering, 415v vgl. Schweitzer, Geschichte der Leben Jesu-Forschung, 109.

h) Christus-Streitigkeiten

„Wenn Schweitzer von Kalthoff und den kritischen Religionsgeschichtlern und -philosophen seiner Zeit spricht als von `denjenigen, die darauf bedacht waren, dem modernen Christentum die Gestalt Jesu zu entreißen´ und `den galiläischen Lehrer zu diskreditieren´ (1984, S. 461f), um sie von einem dergestalt untergeschwäbelten Ziel her sodann hinsichtlich ihrer Motivation und Methodik zu kritisieren, erweckt dies nicht unbedingt Vertrauen in die Wissenschaftlichkeit und Objektivität seiner Historiographie der Leben-Jesu-Forschung, und mit Schweitzers `Geschichte der Paulinischen Forschung´ (1911), in welcher die holländischen Radikalen etwas ausführlicher bedacht werden, steht es kaum besser. Davon abgesehen aber hat Kalthoff in seiner Streitschrift gegen Bousset (1904) betont, daß er zu seiner Paulus-Einschätzung durch völlig eigenständige und neuartige Studien, nämlich solchen zur wirtschaftlichen Entwicklung der korinthischen Gemeinden, gekommen sei, die er Jahre zuvor bei der Vorbereitung eines entsprechenden Predigtzyklus angestellt habe.“[465] „In die Diskussion um das Christusproblem schaltete sich 1904 auch ein früherer, 1901 pensionierter Amtskollege Kalthoffs von der Bremer Liebfrauenkirche ein, der seinen Ruhestand dazu nutzte, sich mit einem wenig sachdienlichen Pamphlet gegen Kalthoff ziemlich peinlich den Mund zu verbrennen. Es wäre dies hier nicht erwähnenswert, wenn es sich bei diesem Herrn nicht zugleich um einen Landsmann Kalthoffs gehandelt hätte, nämlich um Dr. Julius Thikötter (1832-1913), der aus Wupperfeld stammte. Thikötter war 1857 Pfarrer in Hattingen, bald danach Superintendent geworden, und 1864 an die Liebfrauenkirche nach Bremen gekommen (Bauks, 1980). Mit dem dortigen Fehlen einer

465 www.hermann-detering.de/enfant_terrible_im_ talar.htm

preußischen Amtshierarchie hat er sich offensichtlich nicht abfinden können und in seinen Angriffen auf Kalthoff mehr oder weniger verdeckt nach einem Kadi gerufen. Vielleicht deshalb wußte Kalthoff die Sache so ernst nehmen, daß er seine Entgegnung eigens als Broschüre drucken ließ. Thikötter, ein begeisterter Nationalist und Militarist, der sich zum Sedanstag in selbstgereimten kriegsgeilen Oden ergoß (`Deutscher Schwerter schneidiges Schwingen ...´) dürfte zu dieser weniger schneidigen Attacke vor allem durch Kalthoffs (`vaterlandslose´) Friedensarbeit gereizt worden sein."[466] „Immerhin danken wir Thikötters Vorstoß einige prägnante Formulierungen des späten Kalthoff (`D. Thikötter und das Christus-Problem´, 1903) zum Liberalismus, wie z. B.: `Ich begriff den Widerspruch, daß eine historische Persönlichkeit außerhalb des Entwicklungsgesetzes des Lebens stehen und eine absolute Bedeutung für die Geschichte beanspruchen solle.´ (S. 6) `Der Begriff der historischen Persönlichkeit schließt rundweg alles Übermenschliche aus." (S. 14) "Das Christentum ist ebensowenig 'gestiftet' wie Rom 'gegründet' worden.´ ( S. 14)."[467] „Mit Abstand schlimmer noch als Thikötter erging es in diesem Streit einem anderen Landsmann, Dr. Oskar Henke. Dieser war Nachfolger Thieles am Barmer Gymnasium (18831893) gewesen und anschließend bis 1907 Direktor des Bremer Gymnasiums, und er hat in den Streit um den historischen Jesus so unglücklich eingegriffen, daß er dabei seiner wissenschaftlichen Reputation nahezu verlustig ging. Mit beißender Ironie ist Kalthoff in `Die Entstehung des Christentums´ (1904, S. 17-22) auf Henkes seltsame Argumentation eingegangen, wobei er die Gelegenheit zu erneuter, ausgiebiger Polemik gegen den protestantischen Reformverein nutzte, welchem Henke angehörte und

466 Abresch, Enfant terrible, 40f..
467 Abresch, Enfant terrible, 41.

hier scheinbar als `Terrier´ dienstbar war."[468] „Auch Kalthoffs früherer Lehrer Dr. August Döring meldete sich zu Wort; ansonsten soll und kann hier auf das außerordentlich vielfältige Echo (die Kritik kam ja nun aus dem orthodoxen und aus dem liberalen Lager) nicht eingegangen werden."[469]

[468] Abresch, Enfant terrible, 41.
[469] Abresch, Enfant terrible, 41.

i) Die Napoleonlegende

„Ich fordere nun hiermit öffentlich Herrn Professor Dr. Henke auf, den Beweis zu führen, wo und wann Dr. Kalthoff abgeschrieben hat. Tut er dies nicht, so wird er sich gefallen lassen müssen, öffentlich als Verleumder eines Verstorbenen gebrandmarkt zu werden.“[470] „Dagegen ist uns liberalen Theologen allen bekannt Hases Hinweis auf jenes Gespräch Napoleons mit Wieland über die Frage der Existenz Jesu.“[471] „Die von Kalthoff als exaktes Ergebnis hingestellte Christushypothese ist nach meiner Einsicht und nach der Auffassung aller wissenschaftlich ernst zu nehmenden Theologen Deutschlands eine die Geschichte nach seinen Bedürfnissen willkürlich zurechtdichtende Konstruktion.“[472] „Da ich somit annehmen mußte, daß die Henkesche Satire nicht im Druck erscheinen werde, habe ich den Gedanken auf meine Art verwertet und ein `Kalthoff-Problem im Jahre 3000´ gemacht, wo von dem um das Jahr 3000 hochberühmten Dr. Haberecht Tytlmayr der Nachweis geliefert wird, daß der ehemalige Pastor an St. Martini als mythische Figur anzusehen ist.“[473] „Die wirkungsvollen Vorträge, welche Herr Prediger Dr. Kalthoff in den Gottesdiensten des Protestantischen Reform-Vereins theilweise – wie in der Charwoche – vor einer Zuhörerschaft von mehr als 2000 Personen gehalten hat, und welche den Standpunkt der modernen, freisinnigen Theologie mit großer Entschiedenheit vertreten, sind im Verlage der Buchdruckereibesitzer Hornberg & Geist, Berlin SW., Lindenstraße 12, im Druck erschienen und mit 15 (Pf. ?) pro Exemplar von dort zu beziehen.“[474] „Unterzeichneter abonnirt auf die Vorträge Prediger Dr. Kalthoff´s für die Zeit vom ... bis ... 1880 zum

[470] Bulling, Einsendungen, 1906.
[471] Burggraf, Napoleonlegende, 1906.
[472] Burggraf, Kalthoffs Christusproblem, 1906.
[473] Buurmann, Pastor Steudel und der „Kulturkämpfer“, 1906.
[474] Freese, Vorstand des Protestantischen Reform-Vereins, 1880.

vierteljährlichen Abonnemantpreise von 2 Mark."[475] „Unterzeichneter erklärt seinen Beitritt zum Protestantischen Reformverein und bewilligt einen Jahresbeitrag von ... Mark. Name: ... Wohnung: ... (Bitte deutlich zu schreiben.) Die Mitgliedschaft ist vollständig unabhängig von der Zugehörigkeit zur evangelischen Landeskirche."[476] „Eine Satire kann nur wirken, wenn sie das Verfahren und Gebahren dessen, den sie treffen will, genau kopiert. Darum mußte ich genau so verfahren wie Kalthoff verfahren war: Alten Kohl aufwärmen und ihn zeitgemäß herausputzen."[477] „Mit einem Manne, der nicht zu begreifen vermag, daß ein Satiriker, wenn er einen Abschreiber an den Pranger stellen will, ihn in seiner Satire auch muß abschreiben lassen, ist nicht weiter zu streiten."[478] „Ich spreche mein tiefes Bedauern darüber aus, daß ich in der Hitze des Kampfes den Ausdruck `Abschreiber´, den ich nicht zuerst gebraucht habe, sondern den mein Gegner mir suggeriert hat, so gebraucht habe, daß der Schein entstehen konnte, ich hätte Kalthoff als Verfasser des Christusproblemes für einen Abschreiber erklären wollen. Ich erkläre hiermit, daß mir das völlig fern liegt."[479] „Sie werden aus ihm [Artikel] ersehen, daß ich zwar Kalthoffs Gegner, aber weit davon entfernt bin, seinem wirklichen Verdienste oder gar seiner Ehrenhaftigkeit zu nahe zu treten."[480] „1. Mein persönliches Verhältnis zu Kalthoff. Ich habe nie daraus einen Hehl gemacht, daß ich ein Gegner Kalthoffs in bezug auf sein Christusproblem bin. Ein Gegner ist aber noch lange kein persönlicher Feind. Ich habe nie mit Kalthoff in freundschaftlichem Verkehr gestanden, bin ihm aber auch niemals feindlich gesinnt gewesen, noch als Feind entgegengetreten."[481] „Nach

[475] Freese, Vorstand des Protestantischen Reform-Vereins, 1880.
[476] Freese, Vorstand des Protestantischen Reform-Vereins, 1880.
[477] Henke, Zum Napoleonproblem, 1906, 321.
[478] Henke, Zum Napoleonproblem, 1906, 324.
[479] Henke, Zum Napoleonproblem, 1906, 327.
[480] Henke, Zum Napoleonproblem, 1906, 327.
[481] Henke, Zum Problemstreit, 1906, 3.

dem Erscheinen des Artikels in Nr. 19 schrieb mit Kalthoff einen freundlichen Brief, in dem er mir seine Freude darüber aussprach, daß ich der erste Gegner sei, der `die Sache auf den richtigen Karren geladen habe´. Ich habe ihm ebenso freundlich geantwortet."[482] „Mit dem Artikel in Nr. 20 war er freilich wenig zufrieden, lehnte auch eine weitere Erörterung ab, da er alle erfolgten Kritiken zugleich in seinem zweiten Buche über das Problem besprechen werde."[483] „Füge ich nun noch hinzu, daß ich in jener Zeit mehrere Monate lang Kalthoffs Predigten regelmäßig besucht habe und seinen darin gegebenen weiteren Ausführungen über das Problem mit lebhaftem Interesse gefolgt bin, so sind damit alle Beziehungen erschöpft, die ich je zu ihm gehabt habe."[484] "Ich bin sein Gegner gewesen und bin es heute noch, aber zur Feindschaft wider seine Person, zur Unterschätzung seiner Bedeutung, vor allem auch zu irgend welchem Zweifel an der Lauterkeit seines Charakters habe ich niemals irden welchen Grund gehabt und habe ihn auch heute nicht. Ich weise darum mit Entschiedenheit und Entrüstung den Vorwurf zurück, daß ich aus Gehässigkeit gegen Kalthoff oder um ihn zu verspotten, geschrieben habe."[485] „Im Winter 1905 wurden in einem Kreise von Freunden eines Abends zwei Behauptungen aufgestellt: 1. Daß Kalthoff der erste gewesen sei, der die Nichtexistenz Jesu oder doch die völlige Bedeutungslosigkeit seiner Person für die Entstehung des Christentums dargetan habe. ... 2. Daß ein Versuch, wie Kalthoff betreffens der Person Jesu gemacht habe, auch nur bei dieser Person möglich sei wegen der Schwierigkeit, die die Quellen bieten."[486] „Dem entgegnete ich, daß das nicht so sei, sondern das Strauß 1835 und 1864 dasselbe nachzuweisen versucht habe, indem er

[482] Henke, Zum Problemstreit, 1906, 4.
[483] Henke, Zum Problemstreit, 1906, 4f.
[484] Henke, Zum Problemstreit, 1906, 5.
[485] Henke, Zum Problemstreit, 1906, 5.
[486] Henke, Zum Problemstreit, 1906, 6.

Mythenbildung in den Christengemeinden als die Ursache der Entstehung der evangelischen Geschichte annahm. Marius hat 1881 den Versuch wiederholt. Darum sei Kalthoff auf diesem Gebiete kein Reformator, sondern habe nur eine alte Idee wieder aufgefrischt. Wohl aber besteht Kalthoffs Verdienst darin, daß er an die Stelle der Mythentheorie von Strauß in originaler und gewandter Weise die religiösen, politischen und sozialen Zeitverhältnisse gesetzt und so die ganze Frage aus dem Dunkel des Mythus in das helle Licht der Geschichte gestellt hat."[487] „Der erste Artikel lag also fertig vor ... . Da starb Kalthoff plötzlich und unerwartet. Mit Kalthoffs Tode wurde die Sachlage insofern wesentlich verändert, als der erdichtete Verfassername nun nicht weiter unter dem Titel stehen bleiben durfte. Denn da man diesen Namen auf Kalthoff gedeutet hätte, so wäre sein Verbleiben mit Recht als eine Pietätlosigkeit gegen den Verstorbenen und als eine Kränkung seiner Anhänger und Verehrer beurteilt worden."[488] „Nun schlug mir Herr Pastor Burggrag in einem Briefe folgendes vor: `Im Hinblick darauf, daß Kalthoff tot ist, daß aber sein Hinscheiden noch lebendig die Gemüter bewegt, er für der Menschen Gefühl noch nicht einfach ein Name der Vergangenheit ist, sondern ein Name, mit dem sich lebendige, ihnen heilige Empfindungen verbinden, möchte ich sehr raten, die Ueberschrift der Arbeit einfach sein zu lassen: Das Napoleonproblem. Eine Untersuchung nach der neuesten problemkritischen Methode, aber wegzulassen die Anspielung Dr. X. das würde jetzt sehr übel empfunden werden, die Wirkung schmälern. ...'"[489] „So war auch ich als Satiriker berechtigt, durch Vorführung alter Satiren in veränderter Gestalt den Leser darauf zu führen, daß er vorschnell geurteilt habe, wenn er in Kalthoffs Christusproblem eine ganz neue

[487] Henke, Zum Problemstreit, 1906, 6.
[488] Henke, Zum Problemstreit, 1906, 15.
[489] Henke, Zum Problemstreit, 1906, 15.

Grundidee habe finden wollen. Er sollte lernen, daß es eine enthalte, die schon vor 75 Jahren ausgesprochen und schon damals auch satirisch behandelt ist, daß also Kalthoffs Verdienst nicht hier, sondern anderswo zu suchen ist."[490] „Der Direktor des Alten Gymnasiums Herr Professor Oscar Henke hat ... aufs neue dadurch zu rechtfertigen gesucht, daß er unseren allverehrten Pastor Kalthoff als `Abschreiber´ bezeichnet, den er habe `an den Pranger stellen wollen´. Als verwaltender Bauherr der St. Martini-Gemeinde muß ich gegen ein solches Vorgehen, das übrigens auch in weiteren Kreisen Entrüstung hervorgerufen hat, energisch Verwahrung einlegen und mein Befremden darüber aussprechen, daß ein Mann in seiner Stellung gegen einen Verstorbenen, dessen Charakter auch bei seinen Gegnern uneingeschränkte Achtung genoß, in einer solchen nicht näher zu bezeichnenden Weise hat vorgehen können."[491] „Im vorliegenden Falle mußten wir uns vor allem auf das Tatsächliche des Vorwurfs von Steudel gegen Henke beschränken; denunziatorische und nicht zur Sache gehörende Angriffe gegen den Einen wie gegen den Andern haben wir abgelehnt."[492] „Herr Gymnasialdirektor Henke gibt also zu, daß er abgeschrieben hat."[493] „Ich möchte hier nur daran erinnern, daß sein Versuch, Kalthoffs Arbeit lächerlich zu machen, auch dann nicht einmal neu gewesen wäre, wenn jene alten Vorlagen gefehlt hätten." [494] „Mit anderen Worten, der Artikel sollte zur Verhöhnung der bekannten von Kalthoff in seinem `Christusproblem´ und seiner `Entstehung des Christentums´ und anderen Schriften vorgetragenen Theorie dienen."[495]

[490] Henke, Zum Problemstreit, 1906, 19.
[491] Kirchhoff, Einsendungen,1906.
[492] Bremer Nachrichten, 27.11.1906.
[493] Bremer Nachrichten, 23.11.1906.
[494] Steudel, Herr Gymnasialdirektor Henke, 1906.
[495] Steudel, Die Napoleon-Legende und Kalthoffs Christusproblem, 1906.

Printed by Books on Demand GmbH, Norderstedt / Germany